CAPES / Agrégati[on]
ESPAGNOL

Le thème oral espagnol

Carmen Val Julián
Maître de conférences
à l'École Normale Supérieure de Fontenay-St Cloud

Francisco Vicente-Sandoval
Traducteur

ellipses

De Carmen Val Julián aux éditions Ellipses :

- en collaboration avec Anne-Marie Jolivet
  - *Le thème systématique espagnol*
  - *Phrase à phrase espagnol* (version)

- en collaboration avec Oscar Mazín
  - *En torno a la Conquista. Une anthologie*

- coordination d'ouvrage
  - *Soy el amor: soy el verso! José Marti créateur*

ISBN 2-7298-4778-2

AVANT-PROPOS

... Malheureusement les contraintes budgétaires interdisent à bien des centres d'organiser une préparation adéquate (...)
(Rapport 1992)

... Cette épreuve est certes redoutable mais non insurmontable pour qui a bien voulu se donner les moyens de la franchir au mieux. Or cette année encore le jury a eu le regret de constater l'état d'impréparation manifeste de trop de candidats. Comme le soulignent les rapports des années antérieures, cette épreuve est sans doute celle que les agrégatifs préparent le moins.
(Rapport 1991)

A la session de 1996, ces remarques du jury ont été confirmées puisque la moyenne générale obtenue par les agrégatifs à l'épreuve de thème oral s'est établie à 5,43 sur 20. C'est dire toute la difficulté de l'épreuve et le besoin de la préparer avec le plus grand sérieux. Désormais, par ailleurs, la traduction rapide est également présente à l'oral d'admission du CAPES. Notre ouvrage propose à l'ensemble des candidats hispanisants une préparation intensive à ce type d'épreuve.

Les observations et conseils qui suivent reposent sur l'étude des rapports d'agrégation, seuls disponibles pour l'instant en la matière*. Elles sont aussi l'écho de l'expérience de préparateurs à cette épreuve et de candidats des sessions les plus récentes. En outre, les textes proposés dans l'ouvrage ont tous été soumis à des étudiants de niveau licence et maîtrise, ce qui a permis de cerner concrètement les difficultés que ceux-ci rencontrent à l'heure de traduire.

*La lecture de ces rapports, disponibles à la librairie du CNDP, rue du Four, 75006 Paris, est vivement recommandée à tous.

TABLE DES MATIÈRES

indique les sujets donnés par le passé à l'agrégation.

Les modalités de l'épreuve sont les suivantes :

- ☐ La durée de l'épreuve de thème oral / conversation
  préparation : 15 mn
  traduction : 15 mn
  reprise de la traduction : 15 mn
  conversation : 15mn
- ☐ La notation
  note finale = une note de traduction / reprise (50 % de la note)
  + une note de conversation (50 % de la note)
- ☐ Le coefficient : 4
- ☐ Les sujets : extraits de presse de langue française sur des thèmes d'actualité socio-économique et culturelle
- ☐ La longueur : environ 3500 signes
- ☐ Voici, à titre documentaire, la liste des journaux et hebdomadaires qui ont été sources des sujets donnés au concours entre 91 et 95 :

Courrier International 1
L'Événement du Jeudi 1
La Dépêche du Midi 1
Le Monde 19
Le Nouvel Observateur 14
Libération 5
Sud Ouest 6
Isère Magazine 1
La Croix 1
Le Magazine Littéraire 1
Le Monde de la Musique 1
Le Point 4
Paris Match 1
Télérama 15
Témoignage Chrétien 2

SUJET ☐ Certains sujets donnés par le passé au concours sont reproduits avec leur traduction dans l'ouvrage. Ils sont signalés par cette marque.

- ☐ Vous remarquerez que leur thématique est plus variée que notre propre choix. Notre ouvrage se voudrait aussi formateur, et ce non seulement sur le plan de la traduction. C'est un instrument destiné à des hispanisants, aussi son contenu est-il plus volontiers orienté vers le monde et la culture des pays hispanophones.

A) LA PRÉPARATION (15 mn)

Elle est *très brève* et vous laisse juste le temps de prendre connaissance du sujet. Comment parvenir à une lecture à la fois attentive et rapide, qui permette de saisir *l'intégralité* du texte ?

- ☐ Une bonne gestion de ce court temps de préparation est indispensable. Un entraînement s'impose pour savoir repérer le vocabulaire et les structures difficiles, afin de devenir capable d'affronter immédiatement leur traduction. Inutile de rester paralysé devant un mot ou une expression qui font problème à vos yeux : cherchez la forme la plus proche qui soit correcte.
- ☐ Il vous faut prendre quelques notes en marge (sans nuire à la lisibilité de votre document) ou sur un brouillon, pour retenir les difficultés mais aussi les solutions personnelles qui vous viennent à l'esprit pour certains passages. Ceci peut vous éviter un soudain trou de

mémoire par la suite. Il va de soi que ces notes seront en petit nombre et limitées aux termes dont vous souhaitez en priorité vous souvenir.

- ☐ Il ne s'agit absolument pas de rédiger tout ou partie de la traduction : vous n'en auriez pas le temps !
- ☐ Enfin, pensez à dégager du texte quelques centres d'intérêt, pour ne pas être pris de court au moment de la conversation qui suivra immédiatement votre traduction et que vous devrez engager.

B) LA TRADUCTION (15 mn)

- ☐ Vous ne lisez pas à voix haute le texte en français. **Il vous faut le traduire directement.**
- ☐ Votre débit et votre élocution doivent permettre au jury de prendre des notes : n'allez donc pas trop vite.
- ☐ Cependant, n'oubliez pas que vous n'avez que 15 mn pour livrer votre «premier jet» du texte dans son intégralité.
- ☐ Veillez à adopter un rythme conciliant les deux impératifs précédents. Contrôlez par exemple discrètement si au bout des 5 premières minutes, vous en êtes bien à la fin du premier tiers du texte.
- ☐ Il est important de procéder par unités de discours et de bannir le mot à mot, qui risque de vous faire perdre le fil des phrases.
- ☐ Ne vous hasardez pas à «inventer» des mots, cherchez les équivalents que vous connaissez : une forme correcte, fût-elle plate, sera toujours préférable à un barbarisme, lourdement pénalisé.

C) LA REPRISE (15 mn)

- ☐ Le jury, d'après ses notes, vous signalera des points à reprendre dans votre traduction : à vous de les justifier, de les rectifier, ou de proposer de nouvelles solutions.
- ☐ Cette phase de l'épreuve vous permet d'améliorer de façon significative votre premier jet en corrigeant les erreurs et lapsus, souvent imputables à l'émotion ou à la précipitation. Soyez donc très attentif et actif pour en tirer le meilleur parti.

D) LA CONVERSATION (15 mn)

- ☐ Attention : **c'est à vous qu'il incombe de la lancer** aussitôt que vous avez fini votre traduction.
- ☐ Le jury souhaite à présent vous juger sous plusieurs angles. D'une part, il évalue la correction et l'aisance de votre langue. D'autre part, il mesure votre culture générale et votre disponibilité pour communiquer.
- ☐ Il importe en conséquence de travailler votre expression orale.

  — La correction grammaticale mais aussi la phonétique, l'accentuation et la maîtrise de la langue actuelle entrent en ligne de compte. Si vous le pouvez, il est bon de vous familiariser tout au long de l'année avec la presse et les autres média espagnols (télévision, radio, cassettes audio, films en version originale). Prenez des notes systématiques du vocabulaire et des tournures qui vous sont inconnues, afin de les identifier dans le dictionnaire et de les mémoriser. Echappez-vous, dès que cela vous est possible, quelques jours dans la Péninsule. Parlez souvent espagnol et demandez à des personnes (aptes à le faire) de vous corriger.

— Vous pouvez également lire régulièrement l'édition dominicale de *El País* ou vous abonner à sa sélection hebdomadaire (ou encore la consulter si une institution en dispose à proximité).

— **Intéressez-vous à toutes les rubriques** : cuisine, sports, faits divers, articles de société, etc.

— Les connaissances que l'on attend de vous ne peuvent être acquises en quelques semaines. Il s'agit au contraire d'un long travail de sédimentation et d'enrichissement. N'attendez surtout pas la fin de l'écrit pour commencer à songer à l'épreuve !

☐ Entraînez-vous aussi à formuler une approche personnelle et nuancée d'un débat. Vous êtes libre d'introduire le sujet de débat qui mérite selon vous attention. C'est un grand atout, à condition d'avoir pris l'habitude de vous interroger dans cette perspective sur ce que vous lisez. L'année de préparation aux concours ne justifie pas que le candidat s'isole dans un cocon, du moins sur le plan de l'information. Il vous faut garder un contact étroit avec l'actualité, par le biais de la presse espagnole et française (*Le Monde Dossiers et documents*, *Le Monde des débats*, *Courrier International*...), susceptible de vous fournir des éléments d'appréciation et de réflexion utiles le jour de l'épreuve.

☐ Ne cherchez pas à dévier abruptement la conversation vers un terrain qui vous serait plus familier. La manœuvre n'échappera pas au jury ! Vous êtes en effet libre d'aborder un sujet de votre choix à la condition sine qua non qu'il se rattache au texte par des liens logiques.

☐ La conversation fournissant la moitié de la note finale, elle est tout aussi déterminante que la traduction pour votre réussite. Les rapports du jury insistent tous sur la nécessité pour le candidat d'élever le débat, au lieu de se réfugier dans le mutisme ou dans les platitudes. Faites preuve de connaissances témoignant de votre ouverture sur le monde et ayez à cœur de défendre votre opinion.

☐ Vous devez être capable de développer des sujets **même s'ils ne vous inspirent pas**. Bien sûr, le jour de l'épreuve, un candidat ne se sent pas au mieux pour s'exprimer spontanément sur un large éventail de questions. C'est pourquoi, là encore, tout dépend des efforts préalables, c'est-à-dire du repérage précoce de vos lacunes et d'un entraînement sans faille **dès la rentrée**. Soyez curieux. Demandez-vous lorsque vous parcourez un journal ou que vous entendez une nouvelle : «Que serais-je capable de dire là-dessus ?»

☐ N'oubliez pas, enfin, que l'on juge aussi en vous le futur enseignant : soignez votre attitude, votre regard, votre voix. Il s'agit d'être à la fois réceptif aux autres, à l'écoute de leurs attentes et suggestions, tout en vous donnant les moyens, linguistiques et culturels, de défendre votre point de vue avec une relative assurance. En dépit des apparences, cette épreuve est celle qui s'improvise le moins.

II. LE CAPES

Le B.O. de l'Éducation n° 30 (25 juillet 1996) expose le principe de l'épreuve en langue espagnole hors-programme à l'oral du CAPES à partir de la session de 1997. Elle dure une heure et se déroule en quatre temps :

☐ (a) l'explication d'un texte littéraire ou le commentaire d'un document de civilisation (durée : 25 mn)

☐ (b) la traduction en espagnol sans préparation d'un texte français (durée : 10 mn)

☐ (c) un entretien en espagnol sur la partie a (durée : 15 mn)

☐ (d) un entretien en français sur la partie b (durée : 10 mn)

Les parties b et d s'apparentent à l'épreuve correspondante de l'agrégation, avec toutefois un texte plus court (environ 2000 signes) et qui doit être traduit simultanément, sans aucune lecture préalable ni préparation. Les mêmes mécanismes de rapidité et de repérage des difficultés sont donc à mettre en œuvre aux deux concours. Les sujets proposés dans le présent ouvrage, même si leur longueur ou leur niveau peuvent vous sembler supérieurs à ceux que vous aurez à traduire effectivement le jour de l'épreuve, constituent néanmoins un entraînement efficace: qui peut le plus peut le moins.

III. CONSEILS COMPLÉMENTAIRES

☐ Munissez-vous pour votre entraînement comme pour l'épreuve d'une montre. Vous pourrez ainsi contrôler et améliorer progressivement la rapidité de votre traduction.

☐ Apprenez à bien discerner les formes syntaxiques pour lesquelles les deux langues sont proches ou divergentes. Une fois face au sujet, pour les passages contenant des formes proches, vous pourrez dans une certaine mesure vous laisser guider par le texte de départ. En revanche, les passages qui auront été identifiés comme délicats seront l'objet de vos annotations pour déjouer les pièges qu'ils renferment. Apprendre à repérer ces pièges est essentiel.

☐ Revoyez bien la numération et la lecture de l'alphabet. Rares sont en effet les articles ne mentionnant pas de chiffres, dates, sigles, etc. que vous devrez traduire correctement.

☐ La presse regorge d'expressions dont le sens n'est pas nécessairement bien connu de tous (par exemple : «une victoire à la Pyrrhus», «pousser des cris d'orfraie», «un chevalier d'industrie»*). Soyez un lecteur vigilant et comblez d'éventuelles lacunes en ce domaine en cours de l'année.

☐ Pensez à tirer de chaque texte, systématiquement, 3 ou 4 thèmes possibles de conversation. Les marges du livre sont conçues pour y porter vos notes de travail, ainsi que les sujets de reflexion que l'article suscite en vous [ceci à l'attention des agrégatifs].

☐ Le nombre de signes de chacun de nos textes est indiqué. Il est rare qu'il corresponde exactement à celui d'un véritable sujet, ce qui cependant ne nuit en rien à l'entraînement proposé. Commencez celui-ci à votre rythme, mais de manière rigoureuse et régulière. Il est conseillé de faire un à deux thèmes d'entraînement chaque semaine. Vous devriez devenir capable, à terme, de traduire au moins 1000 signes en 5 minutes.

☐ Ayez recours à l'index pour vous rafraîchir la mémoire ou retrouver la traduction d'un terme ou d'une expression. Il peut aussi vous être utile à l'heure de traduire d'autres textes, à l'écrit comme à l'oral.

¡Suerte y ... manos a la obra!

*Respectivement : «Trop chèrement obtenue» (Dictionnaire Le Robert), «crier», «hurler» (souvent dans le sens de protester de manière exagérée), «escroc».

Le livre

- Vous trouverez le texte original français sur la page gauche et sa traduction sur la page droite.
- Les formes à retenir apparaissent dans les deux textes en caractères gras.
- Des notes en bas de page attirent votre attention sur des points précis de vocabulaire et de grammaire
- L'index peut vous aider à :
  - retrouver une forme apparue dans un texte étudié ;
  - vérifier, en le parcourant, vos connaissances et lacunes, afin de vous reporter en priorité aux textes qui présentent le plus d'intérêt pour vous.

Pour vous entraîner

Procédez comme au concours.

1) En masquant la traduction, concentrez-vous sur le texte français pendant une quinzaine de minutes (pour 3000 signes) en prenant quelques notes essentielles en marge au fil de la lecture.
N'omettez pas de noter à la fin les sujets de réflexion que vous suggère le texte et que vous pourrez développer lors de la conversation.
2) L'idéal serait d'enregistrer ensuite votre traduction orale, de manière à la confronter dans un deuxième temps avec la version proposée et à pouvoir rectifier des erreurs. Ainsi, vous pourrez également vous entendre et juger votre rythme ou votre élocution.
3) Mémorisez les corrections et approfondissez en conséquence votre travail par le recours à la grammaire et au dictionnaire. *Le Dictionnaire d'usage d'espagnol contemporain. Français-Espagnol*, d'Albert Belot, mentionné dans la bibliographie officielle de l'agrégation, peut se révéler d'un grand secours pour trouver certaines équivalences en espagnol actuel.

N.B. :
Var. : variante
≠ : diferente de
Seuls sont transcrits en toutes lettres les nombres comportant un risque d'erreur.

Nous exprimons notre vive gratitude au journal Le Monde *et à ses reporters, qui nous ont permis de reproduire plusieurs extraits de leurs articles, tout particulièrement Francis Marmande et Michel Bôle-Richard. Pour leur contribution à la réalisation matérielle du livre, nous remercions Petra Niggemann, Julien Roger, Lucie, David et Dafne.*

1 LE RÉPUBLICAIN ESPAGNOL INCONNU S'APPELAIT FEDERICO BORRELL GARCIA

Le milicien inconnu immortalisé par le photographe Robert Capa et considéré comme la victime symbolique de la guerre civile espagnole a désormais un nom. Selon des informations publiées par le journal dominical britannique *The Observer*, reprises en Espagne par le quotidien *El Mundo*, l'homme frappé par une balle en pleine tête et tombant à la renverse en lâchant son fusil sur un sol désertique s'appelait Federico Borrell Garcia. **Originaire d'Alcoy**, près d'Alicante, fondateur des Jeunesses libertaires de sa ville, organisation affiliée au syndicat anarchiste de la CNT (Confédération nationale du travail), Garcia est mort le 5 septembre 1936, **il y a tout juste soixante ans**, sur le front de Cerro Muriano, à proximité de Cordoue.

La photo du «milicien tombant» fut d'abord publiée dans *Vu*, le 23 septembre 1936, puis le 12 juillet 1937, dans *Life*, avant de **faire le tour du monde** et devenir le cliché emblématique du déchirement espagnol. Son succès suscita plus tard une controverse. Certains **avancèrent** qu'il s'agissait d'un montage, **voire** que la photo avait été prise par un autre que Robert Capa, disparu plus tard pendant la guerre du Vietnam. Grâce à Mario Brotons, compagnon de Federico Borrell Garcia, **qui s'est livré** pendant plusieurs années **à** une patiente enquête **dans les archives** civiles et militaires, **il ne fait plus de doute qu**'il s'agit du jeune militant anarchiste de vingt-quatre ans, fauché par une mitrailleuse pointée par un nationaliste alors qu'**il venait de franchir** le parapet de sa tranchée à l'assaut du boyau adverse. Mario Brotons, **engagé volontaire** à l'âge de quatorze ans, a laissé les notes de son enquête, découvertes peu après sa **mort récente**. *El Mundo* **a retrouvé** à Alcoy **la veuve** du frère cadet de Federico, Maria, âgée aujourd'hui de soixante-dix-huit ans. Elle se rappelle qu'Evaristo, son mari, est revenu un jour en disant que son frère avait été tué **dans la bataille**. Pour elle, il est certain que le «milicien tombant» est son beau-frère.

Michel Bôle-Richard,
Le Monde, 06/9/96
[2567 signes, 420 mots]

L'autre photographie, également publiée le 23 septembre 1936 par *Vu*, d'un milicien qui lui ressemblait, au même endroit, avec le canon du fusil dirigé à terre, **a pu faire penser** qu'il y avait eu truquage de la célèbre «plaque» de Robert Capa. Mais cette photo est celle d'un autre homme. Pour le biographe de Capa, Robert Whelan, **il était clair depuis longtemps** que les vêtements et la cartouchière ne pouvaient se confondre. Désormais, le héros anonyme a un nom et l'honneur d'un grand photographe est lavé.

EL REPUBLICANO DESCONOCIDO SE LLAMABA FEDERICO BORRELL GARCÍA

Ya tiene nombre el miliciano desconocido que inmortalizó[1] el fotógrafo Robert Capa, y que se ha venido considerando como la víctima simbólica de la guerra civil. Según informaciones publicadas por la revista dominical británica *The Observer* y reproducidas en España por el diario *El Mundo*, se llamaba Federico Borrell García el hombre alcanzado en plena cabeza por una bala, al que se ve cayendo de espaldas y soltando su fusil en un suelo desértico. **Era oriundo de Alcoy**, cerca de Alicante, y fundó en su pueblo las Juventudes Libertarias, organización afiliada al sindicato anarquista CNT (Confederación Nacional del Trabajo), y el 5 de septiembre de 1936[2], **hace justo sesenta años**, murió en el frente[3] de Cerro Muriano en las cercanías de Córdoba.

La foto del «miliciano en el momento de caer» fue publicada primero en *Vu* el 23 de septiembre de 1936, y el doce de julio de 1937 en *Life*, antes de **dar la vuelta al mundo** y convertirse en el cliché emblemático de la discordia[4] española. El éxito de esta foto suscitó más tarde una controversia. Algunos **pretendieron** que se trataba de un montaje, **e incluso** se dijo que no había sido hecha[5] por Robert Capa sino por otro fotógrafo que murió luego en la guerra del Vietnam.

Gracias a Mario Brotons, un compañero de Federico Borell García **que se dedicó** durante años **a** efectuar una paciente búsqueda **en los archivos** civiles y militares, **hoy no cabe duda de que** la foto es la del joven militante anarquista[6] de veinticuatro años, cuya vida fue segada por una ametralladora que apuntaba un nacionalista cuando **acababa de franquear** el parapeto de su propia trinchera para asaltar la del enemigo.

Mario Brotons **se alistó como voluntario** a los 14 años de edad y ha dejado las notas de su investigación, que se han descubierto poco después de su **reciente fallecimiento**. *El Mundo* **ha encontrado** en Alcoy **a** la viuda del hermano menor[7] de Federico, que se llama María y tiene hoy sesenta y ocho años. Se acuerda de que su marido Evaristo volvió un día diciendo que su hermano había muerto **en combate**. Está segura de que su cuñado es «el miliciano en el momento de caer».

Otra fotografía publicada también en *Vu* el 23 de septiembre de 1936 y hecha en el mismo sitio, en la que un miliciano parecido a Federico apuntaba a tierra con el cañón de su fusil, **pudo hacer pensar** que la célebre placa de Capa había sido trucada. Pero esta foto es la de otro hombre. Para Robert Whelan, el biógrafo de Capa, **estaba claro desde hacía mucho tiempo** que la ropa y la cartuchera eran inconfundibles. A partir de ahora, el héroe anónimo tiene nombre y la afrenta al honor de un gran fotógrafo ha sido lavada[8].

¡ Cuidado !

1 Preferir aquí la voz pasiva.
2 Mil novecientos treinta y seis.
3 El frente de batalla (≠ la frente arrugada).
4 Aquí significa división entre los españoles (≠ el corazón desgarrado, las vestiduras desgarradas).
5 Var.: sacada, tomada.
6 Recuérdese para las afiliaciones políticas: un anarquista, un comunista, un ecologista, etc. En cambio, se dice un monárquico.
7 Antónimo: hermano mayor.
8 Recuérdese la expresión: lavar una ofensa con sangre.

2

«LES VOLUTES BLEUES DE LA MER MATINALE»

SUJET

Ariane Chemin, *Le Monde*, 27/5/91 [2979 signes, 477 mots]

Dans le combat que se livrent fumeurs et non-fumeurs, les seconds **sont en passe de prendre le dessus**. «Reportages» dresse un honnête état des forces et des argumentaires en présence. Mais tait les jeux, les gestes, la mise en scène qu'autorise la cigarette. Il y a les irréductiblement **pour** et les farouchement **contre**. Dans la première catégorie, Jean-Jacques Brochier, rédacteur en chef du *Magazine littéraire*, et Jacques Faizant, qui fume pour lui mais dessine pour le *Figaro*, sont, semble-t-il, incontournables. Brochier couche régulièrement sa (belle) plume indignée dans les colonnes des journaux, ce qui lui vaut un courrier aimable et nuancé («**Crevez tout seul** !») tandis que Faizant offre son fusain à de pleines pages de publicité qui prennent la défense des «quinze millions de Français qui aiment fumer». **Il ne manque plus que** Jean Dutourd **pour que le lobby soit complet**.

En face, il y a les médecins, les aigris, les altruistes, les jaloux **de tout poil** et nostalgiques de tout — surtout d'**avoir arrêté de fumer**. *Tu fumes moi non plus*, le 26 minutes réalisé par Christian Tortel et Jean-Michel Chappes pour «Reportages», a même été à la rencontre d'un «hurluberlu écolo», comme il se décrit lui-même, qui a préféré perdre la stabilité de l'emploi plutôt que respirer le mauvais air de ses journaleux de confrères. Robert Marmoz, rédacteur en chef de *Lyon Libération*, fait amende honorable, et reconnaît que sa rédaction vit dans un brouillard permanent. «C'est sans doute l'écrit qui veut ça», ajoute-t-il. La cigarette **meuble** le «grand blanc du début de l'article...»

Et voilà évoquée, pour la première et seule fois du reportage, l'autre magie de la cigarette, ses rites, ses pouvoirs inspirés, inspirants. La cigarette, c'est l'aide à l'écriture, **la sage-femme** de l'inspiration. On pense douceurs et rondeurs maternelles, fluidités maritimes... «Volutes bleues de la mer matinale», écrivait Proust à Balbec : elles enveloppent des phrases qui «en émergent partiellement comme les épaules des ondines».

Bienfaisantes et voluptueuses volutes, qui étreignent l'autre **malgré lui** en une caresse enfumée ! Elles transcendent et illuminent un café, une rencontre de trottoir, une confidence de salon. Opportuns accessoires aussi, qui permettent de jouer des pseudo-hasards, des avant-bras, des doigts : briquets posés pour que des mains, dessus, se rencontrent et s'effleurent, visages qu'on penche vers une main inconnue qui donne le feu, doigts qui abritent une flamme en une douce courbure ou se torturent comme chez Fernand Léger, paquets sur lesquels on griffonne un numéro de téléphone, un signe...

Les plaisirs se déclinent. Courtes, les Gauloises qu'une femme, quand elle est belle et **fière** comme Signoret, peut garder à la bouche. Épaisse et âcre la fumée qui, soufflée au visage, fait plus mal qu'une gifle. Fumer, c'est une façon d'exister, disait Sartre. **En tout cas** une façon de dire, de séduire.

«LAS VOLUTAS AZULES DEL MAR MATUTINO»

En el combate que se está librando entre fumadores y no fumadores, los segundos **están en trance de salirse con la suya**[1]. La emisión *Reportages* presenta con honradez la situación de las fuerzas y argumentos en presencia. Pero nada dice de los juegos, gestos y escenificaciones que permite el cigarrillo. Tenemos a los que están intransigentemente **a favor** y a los que están violentamente **en contra**. En la primera categoría, parece inevitable la presencia de Jean-Jacques Brochier, redactor en jefe del *Magazine Littéraire*, y de Jacques Faizant que se echa el humo al coleto pero dibuja para el *Figaro*. Brochier empuña regularmente su excelente **e** indignada pluma en las columnas de los periódicos, lo cual le vale recibir cartas amables y finas («**¡Pálmela**[2] **solito!**»), mientras que Faizant ofrece su carboncillo para páginas enteras de publicidad donde se defiende a «quince millones de franceses que adoran fumar». **Sólo falta** Jean Dutourd **para que el grupo de presión esté completo**.

Enfrente tenemos a médicos, gente amargada, altruistas, envidiosos **de todo tipo**[3] y nostálgicos de todo, especialmente de **haber dejado de fumar**. Tu fumas, yo tampoco. En el documental de 26 minutos que Christian Tortel y Jean-Michel Chappes han realizado para la emisión *Reportages*, se ha ido a entrevistar inclusive a alguien que se define a sí mismo como un «ecologista chiflado» y ha preferido perder un empleo estable antes que respirar el aire viciado de sus colegas gacetilleros. Robert Marmoz, redactor en jefe de *Lyon-Libération*, pide públicas disculpas y reconoce que su redacción vive en medio de una niebla permanente. Dice que «probablemente la escritura lo exige». El cigarrillo **rellena** «el gran vacío del principio de todo artículo...»

Por primera y única vez durante todo el reportaje, aquí tenemos la evocación de esa otra magia del cigarrillo, de sus ritos y poderes inspirados **e** inspirantes. El cigarrillo ayuda a escribir, es **la partera** de la inspiración. Pensamos en dulzuras y curvas maternales, en fluideces marinas. Proust escribía en Balbec: «volutas azules del mar matutino» que envuelven las frases «emergidas parcialmente de ellas como los hombros de las ondinas».

¡Bienhechoras y voluptuosas volutas que con caricia de humo abrazan al prójimo **contra su voluntad**! Trascienden **e** iluminan un café, un encuentro callejero o una confidencia de tertulia. Oportunos también esos accesorios suyos que permiten jugar con los falsos azares, los antebrazos y los dedos. Mecheros colocados para que unas manos se encuentren y se rocen al cogerlos, rostros que se inclinan hacia una mano desconocida que nos da fuego, dedos que protegen una llama suavemente curvados o se retuercen como en un cuadro de Fernand Léger, paquetes en los que se garabatea[4] un número de teléfono o un signo...

Los placeres se declinan. Los Gauloises[5] cortos que una mujer puede mantener en la boca, cuando es guapa y **altiva** como Simone Signoret. El humo espeso y acre que hace más daño que una bofetada cuando se lanza contra otra cara. Sartre decía que fumar es una forma de existir. **En cualquier caso**, es una forma de decir y seducir.

¡ Cuidado !

1 Var.: triunfar, ganar, llevarse el gato al agua.
2 Sinónimos de *palmar* (morir), igualmente familiares, son: *diñar, espichar, estirar la pata*.
3 Var.: índole (fem.) (más culto) ; laya, ralea, calaña, pelaje (más despectivos)
4 Var.: garrapatear.
5 Masculino en español. Por ejemplo: Celtas cortos.

TOUT L'ARGENT DES ANDES

Philippe Duigou,
Le Monde, 27/6/96
[5662 signes, 908 mots]

Au cœur de la cordillère, Potosi, désormais inscrite au patrimoine mondial de **l'Unesco**, **battit monnaie** au temps de sa splendeur.

A coups de balayette rythmés, une Indienne **s'active à** débarrasser la place d'Armes de quelques scories. Autour d'elle, deux ou trois chiens errants. Six heures du matin. Potosi dort encore. **C'est l'heure où** le mercure est au plus bas. Un léger givre recouvre les tuiles centenaires des habitations de la ville. **A un coin de rue**, quatre mineurs **battent la semelle**. Regard vide, bonnet de laine sur la tête, ils attendent le *micro*, ce bus d'un autre âge qui les mènera tout là-haut, vers les entrailles du Cerro Rico. La Riche Colline, ainsi a-t-on baptisé ce mont chauve qui, en d'autres temps, changea **le cours de l'histoire**.

En 1545, quand les Espagnols entreprirent l'exploitation des mines d'argent, au beau milieu de l'altiplano bolivien actuel, ils n'imaginaient certainement pas que la richesse du Cerro allait **alimenter l'économie** des monarchies européennes durant près de trois siècles. **Les veines argentifères** de la montagne andine allaient également donner naissance à la ville de Potosi, dont l'apogée se situera durant la seconde moitié du XVIe siècle et la première moitié du XVIIe. En fait, Potosi deviendra le cœur de l'empire espagnol et **la cité la plus importante** du Nouveau Continent : 160 000 habitants, c'est-à-dire, **à l'époque**, plus que Paris ou Grenade... Une ville dont, à travers les cinq continents, on affirmait qu'elle était l'une des merveilles du monde. Avec un rayonnement **non seulement** économique, **mais** social, technologique, urbain et monétaire. **D'où** l'expression *vale un Potosi* («ça vaut Potosi»), hommage à cette cité surgie du désert andin et dont l'architecture ostentatoire contraste avec l'univers minéral et désolé des tunnels de la mine voisine.

Inscrite, en 1987, sur la liste du patrimoine culturel et naturel de l'humanité établie par l'Unesco, Potosi est aujourd'hui une véritable ville-musée. **En vedette**, la Maison de la monnaie, **l'édifice le plus imposant** que les Espagnols laisseront en Amérique latine et dans **les Caraïbes**, aujourd'hui converti en centre d'art. Tant d'argent sorti des entrailles de la Terre ne pouvait qu'engendrer la fabrication de la monnaie. Et on dit même que, à l'époque, on aurait pu construire un véritable pont d'argent entre l'Amérique et l'Europe...

A partir du **milieu du XVIIe siècle**, le Cerro voit se succéder périodes de dépression et phases de prospérité. Un commerce intense se développe avec Buenos Aires, qui devient alors **le port le plus important** d'Amérique.

TODA LA PLATA DE LOS ANDES

La ciudad de Potosí, que está situada en el corazón de la cordillera y se halla inscrita desde ahora en la lista del patrimonio mundial de **la UNESCO**, **acuñó moneda** en sus tiempos de esplendor.

Con escobillazos rítmicos una india **se afana en**[1] barrer de la Plaza de Armas unas cuantas escorias. A su alrededor hay dos o tres perros vagabundos. Son las seis de la mañana. Potosí duerme todavía. **Es la hora en que** el termómetro está más bajo. Una leve escarcha recubre las tejas centenarias de las casas de la ciudad. **En una esquina**, cuatro mineros **patean el suelo**. Con mirada vacua y gorro de lana en la cabeza están esperando la *micro*[2], ese autobús de otros tiempos que les llevará arriba del todo, hacia las entrañas del Cerro Rico. Con este nombre se ha bautizado al monte pelado que antaño cambió **el rumbo de la historia**.

En 1545[3], cuando los españoles emprendieron la explotación de las minas de plata en el centro mismo[4] del actual altiplano boliviano, no se figuraban desde luego que la riqueza del cerro iba a **nutrir la economía** de las monarquías europeas durante casi tres siglos. **Las vetas argentíferas** de la montaña andina iban también a dar a luz a la ciudad de Potosí, que alcanzaría su apogeo en la segunda mitad del siglo XVI y primera del XVII[5]. Potosí iba a convertirse de hecho en el corazón del imperio español y en **la ciudad más importante** del Nuevo Continente, llegando a contar **por aquel entonces** con 160.000[6] habitantes, es decir más que París o Granada... Por los cinco continentes se decía que esta ciudad era una de las maravillas del mundo. Su influencia **no sólo** era económica, **sino también** social, tecnológica, urbana y monetaria. **De ahí** la expresión «vale un Potosí», como homenaje a esta ciudad que surgió del desierto andino y cuya arquitectura ostentosa contrasta con el universo mineral y desolado de las galerías de la mina vecina.

Potosí fue inscrita en 1987[7] en la lista del patrimonio cultural y natural de la humanidad de la UNESCO, y es hoy en día una auténtica ciudad museo. **En primer plano** tenemos la Casa de la Moneda, **el edificio más imponente** dejado por los españoles en América Latina y **el Caribe**, que se ha convertido ahora en centro para las artes. Lo único que podía engendrar tanta plata sacada de las entrañas de la tierra era la acuñación de moneda. Se dice incluso que en aquella época se hubiera podido construir un verdadero puente de plata entre América y Europa...

A partir de **mediados del siglo XVII**, el Cerro contempló[8] cómo se sucedían los periodos de depresión y las fases de prosperidad. Se desarrolló un intenso comercio con Buenos Aires, que por entonces se convirtió en **el puerto más importante** de América.

¡ Cuidado !

1 Cuando *afanarse* tiene el sentido de «tratar por varios medios de conseguir algo que se anhela», se suele construir con la preposición *por*. Ejemplo: *se afanó por resolver el asunto.*
2 **La micro** (el microbús) es femenino en Bolivia.
3 Mil quinientos cuarenta y cinco.
4 Var.: justo en medio de.
5 Siglo dieciséis, siglo diecisiete.
6 Ciento sesenta mil.
7 Mil novecientos ochenta y siete.
8 La elección del pasado en lugar del presente histórico se debe a que éste es menos usual en los textos periodísticos españoles.

En 1825, Potosi marque le fondement économique de la république de Bolivie. **Au début du siècle**, l'étain se substitue à l'argent, victime de la baisse des cours. Son ère se prolongera jusqu'en 1985, année où le Cerro affronte une nouvelle crise, cette fois peut-être définitive.

En 1985, Potosi **comptait** 300 000 habitants. Aujourd'hui, quelque 120 000 seulement. C'est la seule ville bolivienne dont la population ait ainsi baissé au cours des dernières années. Au profit de la région du Chaparé, où **la culture de la coca** apparaît plus lucrative et moins aléatoire. Un exode qu'expliquent également des conditions climatiques trop rudes : le froid notamment — le thermomètre peut descendre jusqu'à **-15 degrés** — mais aussi le vent, la pluie, voire la grêle. Potosi partage avec Lhassa, au Tibet, le rigoureux privilège d'être **la ville la plus haute** du monde : 4 070 mètres **au-dessus du niveau de la mer**.

Ainsi abandonnée, la ville s'estime victime d'une profonde injustice. Avec l'amer ressentiment d'être aujourd'hui humiliée après avoir tant donné. Potosi se meurt et tout l'argent extrait de ses mines ne lui aura pas bénéficié. Infrastructures limitées ou désuètes, absence de plan de développement. Le manque d'aide de l'État se fait cruellement sentir. Un phénomène d'ostracisme évident. Enclavée, la ville de Potosi **souffre de** son isolement : aucune liaison aérienne avec le reste du pays et des communications cahoteuses par la route.

Si, à chaque pas, l'abandon est perceptible, le quartier espagnol — ainsi baptisé pour le différencier du quartier indigène, ou quartier des mineurs — garde un charme certain. Il **y** règne une atmosphère toute particulière. Silence des **rues de pierre**, dont la déclivité importante accélère, brusquement, le rythme cardiaque du promeneur. Lourdes portes de bois des maisons coloniales de la rue Judazar. Balcons de l'époque républicaine. Couvent de Santa Teresa, restauré, et dont les innombrables pièces sont garnies de meubles. Depuis les toits de l'église San Lorenzo, le Cerro, impérial, profile son sommet de 4 800 mètres et détache la palette de couleurs de ses flancs rugueux dans l'azur du ciel.

Dès 8 heures du matin, la rue des mineurs, en direction du Cerro, connaît une certaine effervescence. C'est, en effet, **le point de passage** obligé du mineur. S'y succèdent, **côte à côte**, de petites boutiques où se mêlent dynamite, alcool, feuilles de coca, etc. **Le tout** en vente libre. **A ce jour**, le Cerro continue, malgré tout, à produire : 380 galeries encore en activité contre environ 5 000 au temps de la grande époque. Quant aux mineurs, ils sont, pour la plupart, regroupés en coopératives et exploitent principalement le zinc.

A l'entrée de la coopérative Grito de piedra (le Cri de la pierre), une dizaine de mineurs, assis **à même la roche**, mastiquent de petites feuilles de coca. Un rituel séculaire avant de pénétrer dans les longs boyaux de la mine. Silence et recueillement. **Chacun sait**, ici, qu'il lui faudra, une fois encore, défier la mort vagabonde.

En 1825[9], Potosí constituyó la base económica de la República de Bolivia. **A principios de siglo** el estaño reemplazó a la plata[10], que fue víctima de la baja de su cotización. La era del estaño iba a prolongarse hasta el año 1985, cuando el Cerro tuvo que enfrentarse con una nueva crisis que quizás haya sido la definitiva.

En 1985, Potosí **contaba con** 300.000[11] habitantes y hoy solamente con 120.000. Es la única ciudad boliviana donde la población ha bajado[12] de tal modo en el transcurso de los últimos años, para mayor beneficio de la región de Chaparé en la que **el cultivo de la coca** parece ser más lucrativo y menos aleatorio. Este éxodo se explica también por las condiciones climáticas demasiado duras, especialmente por el frío —el termómetro puede bajar hasta **15 grados bajo cero**— y también por el viento, la lluvia, e incluso el granizo. Potosí comparte con la ciudad tibetana de Lasa el riguroso privilegio de ser **la ciudad más alta** del mundo, ya que está situada a 4.070 metros **sobre el nivel del mar**.

Abandonada de esta suerte, la ciudad se considera víctima de una profunda injusticia y tiene el amargo resentimiento de verse humillada hoy después de haber dado tanto. Potosí se muere y toda la plata extraída de sus minas no le ha beneficiado. Sus infraestructuras son limitadas o anticuadas y no existe un plan de desarrollo. La falta de ayuda del Estado se nota implacablemente. Se trata de un fenómeno de ostracismo evidente. La ciudad de Potosí se halla enclavada, y **padece de** su aislamiento por carecer de enlaces por vía aérea con el resto del país y porque los transportes por carretera son traqueteantes.

Aunque el abandono de la ciudad sea perceptible a cada paso, conserva un encanto manifiesto el barrio español, que se ha denominado así para diferenciarlo del barrio indígena o barrio de los mineros. Reina **en él** una atmósfera muy especial por el silencio de sus **calles empedradas** cuya pendiente pronunciada acelera bruscamente el corazón del paseante, por las macizas puertas de madera de las casas de la calle Judazar, por los balcones de la época republicana, y por el restaurado convento de Santa Teresa con sus innumerables habitaciones amuebladas. Desde los techos de la iglesia de San Lorenzo, puede verse cómo se recorta la cumbre del majestuoso Cerro de 4.800[13] metros, que destaca la gama de colores de sus laderas rugosas en el azul del cielo.

Desde las ocho de la mañana, en la calle de los Mineros con dirección al Cerro se produce cierta efervescencia. En efecto, **es el punto de tránsito** forzoso de los trabajadores de la mina y en ella se suceden, **una tras otra**[14], tiendecitas donde se entremezclan la dinamita, el aguardiente, las hojas de coca, etc.[15] **Todo ello** en venta libre. A pesar de todo, el Cerro sigue produciendo **hasta la fecha** y quedan todavía 380[16] galerías en actividad de las 5.000 que tenía más o menos en su época dorada. Por su parte, la mayoría de los mineros se ha agrupado en cooperativas y explota el zinc principalmente.

A la entrada de la cooperativa Grito de Piedra, unos diez mineros sentados **en la mismísima roca** mastican hojitas de coca. Se trata de un ritual secular antes de penetrar en los largos socavones estrechos de la mina. Hay silencio y recogimiento. Aquí **todos saben** que una vez más tendrán que desafiar a la muerte vagabunda.

¡ Cuidado !

9 Mil ochocientos veinticinco. A continuación: mil novecientos ochenta y cinco.

10 Var.: el estaño *sustituyó* a la plata (este verbo no es pronominal en español).

11 Trescientos mil. A continuación: ciento veinte mil; cuatro mil siete.

12 El modo subjuntivo se utiliza en español para expresar la virtualidad, y en este texto se trata de un hecho realizado (la población ha disminuido efectivamente).

13 Cuatro mil ochocientos.

14 Var.: una junto a otra.

15 Pronunciar: etcétera.

16 Trescientas ochenta. A continuación: cinco mil.

4

EDUARDO MIURA. UN ÉLEVEUR DE TAUREAUX DE LÉGENDE

Francis Marmande, *Le Monde*, 30/07/96
[2909 signes, 496 mots]

Le plus **connu** des éleveurs de **taureaux de combat**, Eduardo Miura Fernandez, est décédé, samedi 27 juillet, à Séville (Espagne) **des suites d'**une longue maladie. Il avait quatre-vingt-deux ans. L'**élevage** andalou fondé en 1842 par son **trisaïeul** Juan Miura, est le plus fameux par son **ancienneté**, le nombre de ses taureaux **courus en piste** (plus de 10 000 depuis l'origine) et sa réputation de dureté. Sa légende vient du nombre de **morts qu'il a causées**, celle de Manuel «Manolete» Rodriguez, **bien sûr**, en 1947 à Linares, mais aussi celles de El Cano (1852), Pepete (1862), Llusio (1875), El Espartero (1894), Manuel Sanchez Criado, *banderillero* comme Llusio (1894), Domingo del Campo Dominguin (1900), des *novilleros* (Faustino Posadas en 1907 et Pedro Carreño en 1930) et, indirectement, de Nimeño II, **blessé** le 10 septembre 1989 en Arles par Pañolero — il se suicide le 25 novembre 1991.

Situé à l'écart de l'autoroute du sud qui va de Séville à Jerez de la Frontera, l'élevage de Zahariche au portail de bois surmonté d'un **crâne de taureau** et des **fers** célèbres de la maison (un A orné de deux CC : de Antonio Cariga, une de ses origines), est un des grands lieux mythiques de l'Espagne. Quelques oliviers, un **soleil vertical**, les seuls cris du *campo*, le cheval **sellé** en permanence de don Eduardo, dans la cour, trois ou quatre chiens et, **au loin**, les taureaux qui mugissent au crépuscule. Depuis Juan Miura qui présenta la *ganadería* à Madrid en 1849, se sont succédé Antonio, Eduardo, Antonio, José, puis, depuis 1940, cet Eduardo Miura que tout le monde appelait don Eduardo. Son nom était aussi connu que ses lunettes noires, sa fine moustache et cet air de sévérité qui s'était communiqué à ses pensionnaires.

Ses fils Eduardito et Antonio ont, **depuis quelques années**, les destinées de la précieuse maison en main. On voit sortir encore des lots dignes des «miuradas» d'antan. Les Miura n'offrent pas un combat spécialement touristique : ils donnent lieu à une émotion particulière. Leur «**tempérament**» intact, leur présentation et l'appréhension qu'ils suscitent en piste sont la raison de leur réputation.

¡ Cuidado !

1 Veintisiete.
2 Mil ochocientos cuarenta y dos.
3 Diez mil.
4 Mil novecientos cuarenta y siete. Y a continuación: mil ochocientos cincuenta y dos; mil ochocientos sesenta y dos; mil ochocientos setenta y cinco; mil ochocientos noventa y cuatro; mil novecientos; mil novecientos siete; mil novecientos treinta; mil novecientos noventa y uno; mil novecientos ochenta y nueve.
5 Los toros tienen nombre propio. Se menciona más adelante el nombre de otro toro, Escobero.

UN GANADERO LEGENDARIO: EDUARDO MIURA

Eduardo Miura Fernández, el ganadero de **toros bravos** más **afamado**, ha fallecido el sábado 27[1] de julio en Sevilla (España) **de resultas de** una larga enfermedad, a los ochenta y dos años de edad. La **ganadería** andaluza fundada en 1842[2] por su **tatarabuelo**, Juan Miura, es la más reputada por su **solera**, por el número de toros **lidiados** —más de 10.000[3] desde su creación— y por su fama de bravura. La causa de su leyenda ha sido el número de **muertes ocasionadas**, entre las que **por supuesto** cabe contar la de Manolete el año 1947[4] en Linares, así como las de El Cano (1852), Pepete (1862), Llusio (1875), El Espartero (1894), Manuel Sánchez Criado (1894) —que era banderillero como Llusio—, Domingo del Campo Dominguín (1900), y también las de los novilleros Faustino Posadas (1907) y Pedro Carreño (1930), **e** indirectamente la de Nimeño II, que se suicidó el 25 de noviembre de 1991 tras haber sido **cogido** por Pañolero[5] el 10 de septiembre de 1989 en Arles.

El cortijo de Zahariche está apartado de la autopista del sur que va de Sevilla a Jerez de la Frontera. Con su portal de madera rematado por una **calavera de astado** y la célebre **divisa** de la casa (una 'A' realzada con dos 'C'[6]: iniciales de la ganadería de Antonio Cariga[7], que fue una de los primigenias), es uno de los lugares míticos de España: unos pocos olivos, un **sol que cae de plano**, nada más que gritos camperos, el caballo de Don Eduardo siempre **ensillado** en el patio, tres o cuatro perros, y **en la lejanía**[8] los toros que mugen al crepúsculo. Desde que Juan Miura presentó su ganadería en Madrid en 1849[9], se fueron sucediendo Antonio, Eduardo, Antonio, José y, desde 1940, este Eduardo Miura al que todo el mundo llamaba Don Eduardo. Su nombre era tan famoso como sus gafas negras, su fino bigote, y ese aspecto severo que se había contagiado a sus «huéspedes».

Desde hace algunos años, sus hijos Eduardito y Antonio son los que rigen los destinos de la valiosa ganadería. Todavía se ven salir en las plazas lotes dignos de las miuradas de antaño. Los Miura no se prestan una lidia especialmente turística, sino que suscitan una emoción especial. Las causas de su fama son su **genio** intacto, su presentación, y la aprensión que provocan en el ruedo.

6 Pronunciar: ces.
7 Las ganaderías se suelen formar cruzando toros de diversas procedencias.
8 Var. : a lo lejos, en lontananza.
9 Mil ochocientos cuarenta y nueve. A continuación: mil novecientos cuarenta.

4

De grands Miura ont fait de grands toreros : Escobero, en 1960 à Séville, pour Diego Puerta, ou l'inoubliable spécimen gris perle (les Miura sont souvent gris) de 702 kilos qu'affronta le minuscule Paco Camino, à Bilbao, en 1970. Les **vedettes**, aujourd'hui, ne s'y frottent plus, sauf Espartaco, qui a **cessé de le faire** depuis la feria de Séville de 1987 où il a pris les six de l'après-midi. On les laisse donc à de supposés et vaillants spécialistes ou à celui qui a besoin de se refaire une vertu.

Un lot de Miura **sortira** le 4 août à Hagetmau, petite bourgade des Landes, en attendant Dax (le 18) et Bilbao. Le plus jeune des jeunes gens de l'après-midi, à Hagetmau, s'appelle Davila Miura. C'est le petit-fils de don Eduardo, le premier de la dynastie à vouloir être torero, à la fin du XXe siècle.

D'après
Francis Marmande,
Le Monde, 19/04/97

Pour comprendre les courses

- **Afición** : passion de l'*aficionado* pour la *corrida*.
- **Alternativa** : alternative. Accession d'un jeune *torero* (*novillero*) au titre de *matador*.
- **Apoderado** : imprésario d'un *torero*.
- **Aviso** : avertissement. Sonneries de clairons (*clarines*) indiquant au *matador* qu'il doit mettre le taureau (*toro*) à mort. Si le taureau n'est pas mort au troisième coup de clairon, il est renvoyé au *toril*.
- **Callejón** : couloir entre la piste (*ruedo*) et les gradins (*tendidos*).
- **Capa** : cape de couleur rose, jaune au revers, elle est utilisée pour les deux premiers tiers (*tercios*) du combat (*lidia*).
- **Cartel** : «plateau» d'une corrida.
- **Cuadrilla** : équipe qui accompagne le *matador* : un homme de confiance (*mozo de espadas* o *de estoques*) ; trois poseurs de banderilles (*las banderillas* ; *los banderilleros*) ; deux picadors (*picadores*) ; et plusieurs toreros subalternes (*peones de brega*).
- **Descabello** : courte épée en forme de croix pour achever le taureau debout.
- **Faena** : ensemble des passes (*los pases*) effectuées par le matador pour préparer l'estocade (*estocada*).
- **Indulto** : grâce accordée à un taureau particulièrement brave (*bravo*).
- **Matador** : celui qui tue le taureau.
- **Montera** : coiffe noire des *toreros*.
- **Muleta** : étoffe (*trapo*) rouge servant pendant la *faena*.
- **Novillada** : *corrida* pour jeunes *toreros* (*novilleros*).
- **Paseo** : défilé des matadors et de leur *cuadrilla* en ouverture de la *corrida*.
- **Peón** : *torero* subalterne.
- **Picador** : membre de la *cuadrilla* à cheval qui pique (*pica* o *mete la puya*) le taureau (*al toro*).
- **Puntilla** : poignard pour achever le taureau agenouillé.
- **Ruedo** : piste des arènes (*plaza de toros*).
- **Rejoneador** : torero à cheval.
- **Temporada taurina** : saison taurine (mars à octobre en Espagne et en France ; novembre à février en Amérique Latine : Colombie, Équateur, Méxique, Pérou et Vénézuela).
- **Verónica** : véronique. Passe de la cape tenue à deux mains qui détermine le style (*estilo*) du *torero*.

Con grandes miuras se han hecho grandes toreros. Tal es el caso de Escobero con Diego Puerta, en Sevilla en 1960[10], o el del inolvidable ejemplar de color gris perla —los Miura suelen tener este color— y de 702 kilos con que se enfrentó el minúsculo Paco Camino en Bilbao, en 1970. Las **figuras estelares** ya no se enfrentan hoy en día con ellos, salvo Espartaco, aunque **dejó de hacerlo** desde que lidiara a los seis[11] de una tarde en la feria de Sevilla de 1987. Los miuras se quedan para hipotéticos especialistas valientes o para el que necesita rehacer su fama.

El 4 de agosto **saldrá al ruedo** un lote de miuras en Hagetmau, un pequeño pueblo del departamento de las Landas; el día 18 le tocará el turno a Dax, y luego a Bilbao. En Hagetmau, el más joven de los tres novilleros[12] de la tarde será Dávila Miura, nieto de Don Eduardo y primer Miura de la dinastía que quiere ser torero en estas postrimerías del siglo XX.

¡ Cuidado !

10 Mil novecientos sesenta. A continuación : setecientos dos kilos; mil novecientos setenta; mil novecientos ochenta y siete.

11 Toros, naturalmente. Es decir el número de los lidiados en una corrida.

12 No tiene aquí el sentido general de *joven* o *mozo*. Se trata en realidad de jóvenes toreros o novilleros. Véase al respecto el artículo «La alternativa de Cristina Sánchez», pág. 76.

5

UNE ENQUÊTE SUR LES FAMILLES ÉTRANGÈRES

SUJET

Familles étrangères et familles françaises ouvrières **se ressemblent de plus en plus** si l'on s'en tient à leurs modes de vie et de **consommation**. L'analyse des résultats de l'enquête «**budget de famille**» menée par l'INSEE en 1989 et la comparaison avec les études similaires de 1979 et 1985 mettent en lumière le rapprochement spectaculaire opéré **depuis dix ans**, mais aussi la persistance de certaines spécificités liées aux origines ou à la structure de la famille. Les étrangers restent **cependant** nettement moins bien logés que les Français.

Les explications à l'évolution positive des conditions de vie des étrangers **depuis dix ans** sont multiples. Les familles sont moins nombreuses et les femmes travaillent plus souvent (62,9 % en 1989 contre 53,5 % dix ans plus tôt). D'autre part, les étrangers **ont bénéficié d'une aide accrue** en matière de logement (**un tiers** habitent en HLM contre **un quart** en 1979, et 30 % reçoivent **une aide au logement**). A cause **des hausses de loyers**, et en dépit des **allocations**, le poids des dépenses de logement s'est accru, moins rapidement cependant que pour les Français. **Près d'un ménage étranger sur quatre** possède son logement (contre 58 % des Français), qui est plus confortable que par le passé : 8 % ne disposent d'aucun confort sanitaire contre 25,8 % en 1979. Mais **les inégalités restent profondes**, et les comparaisons globales avec les Français aléatoires, si l'on tient compte du fait que les familles étrangères sont surtout ouvrières et logées en zone urbaine. Ainsi, parmi ces dernières, plus d'une sur quatre **manque** soit **de WC**, soit d'installation sanitaire, contre 11 % des ménages français. Selon l'INSEE, le niveau de confort du logement des étrangers en 1988 était «égal à celui que connaissaient les ménages français il y a une dizaine d'années».

L'enquête de l'INSEE permet aussi d'analyser et de comparer **le détail des dépenses** des ménages étrangers. L'équipement en **biens durables** a nettement progressé, mais reste inférieur à celui des Français. Les seuls biens possédés plus couramment par les étrangers sont... les magnétoscopes et les résidences secondaires, celles qu'ils possèdent «au pays». **En revanche**, les étrangers, et singulièrement les Maghrébins, sont moins souvent équipés en **appareils ménagers** de type **lave-vaisselle** ou aspirateur, témoignant probablement du travail ménager de la femme restée au foyer.

Philippe Bernard, extrait de «Des conditions de vie en nette amélioration. Un ménage sur quatre possède un logement» *Le Monde*, 11/6/91 [4393 signes, 678 mots]

¡ Cuidado !

1 Mil novecientos ochenta y nueve. A continuación: mil novecientos setenta y nueve; mil novecientos ochenta y cinco.

2 Sesenta y dos coma nueve por ciento. A continuación: cincuenta y tres coma cinco por ciento. Sobre el artículo que se usa, según la exactitud de los porcentajes, véase la nota 4, pág. 104.

3 Treinta por ciento. Puede pensarse que aquí se trata

UNA ENCUESTA SOBRE LAS FAMILIAS EXTRANJERAS

Si se tienen en cuenta los modos de vida y **consumo**, las familias obreras extranjeras y francesas **se asemejan cada vez más**. El análisis de los resultados de la encuesta efectuada en 1989[1] por **el** INSEE sobre el «**presupuesto familiar**» y su comparación con estudios similares de 1979 y 1985 ponen de manifiesto el espectacular acortamiento de distancias que se ha producido **en el último decenio**, así como la persistencia de determinadas especificidades relacionadas con el origen o la estructura de la familia. **No obstante**, las condiciones de vivienda siguen siendo manifiestamente peores para los extranjeros que para los franceses.

De diez años a esta parte son múltiples los factores que explican la evolución positiva de las condiciones de vida de los extranjeros. Las familias son menos numerosas y las mujeres suelen trabajar más (el 62,9%[2] en 1989 frente al 53,5% diez años antes). Por otra parte, los extranjeros **se han beneficiado de una mayor ayuda** en materia de vivienda (**una tercera parte** habita en viviendas protegidas frente a **una cuarta parte** diez años antes; y un 30%[3] recibe **un subsidio de vivienda**). Debido a **la subida de los alquileres** y a pesar de los **subsidios**, el peso de los gastos de vivienda ha aumentado, aunque con menor rapidez que para los franceses. **Casi una familia extranjera de cada cuatro** es propietaria de su vivienda —frente al 58%[4] de los franceses—, y ésta tiene mayor confort que antes. En efecto, sólo el 8% no cuenta con comodidad sanitaria alguna frente al 25,8% en 1979. Sin embargo, **las desigualdades siguen siendo profundas**; y las comparaciones generales con los franceses son aleatorias, si se tiene en cuenta que las familias extranjeras son ante todo obreras y habitantes de zonas urbanas. Por ejemplo, una de cada cuatro de estas familias **carece** o bien **de retrete**, o bien de instalaciones sanitarias, frente al 11% de las familias francesas. Según el INSEE, el grado de comodidad de la vivienda de los extranjeros era «igual que el registrado entre las familias francesas hace diez años».

La encuesta del INSEE permite también analizar y comparar **el desglose de gastos** de las familias extranjeras. Su equipamiento en **bienes duraderos** ha progresado claramente, pero sigue siendo inferior al de los franceses. Los únicos bienes de este tipo que los extranjeros suelen poseer corrientemente son... los vídeos y las segundas residencias, es decir las que poseen en su tierra. **En cambio** los extranjeros, y especialmente los mogrebíes[5], suelen estar menos equipados con **electrodomésticos** como **lavaplatos** o aspiradores, lo cual es probablemente un indicio del trabajo efectuado en el hogar por las mujeres que se dedican a sus labores domésticas[6].

de una evaluación aproximativa.

4 Cincuenta y ocho por ciento. A continuación: veinticinco coma ocho por ciento.

5 Var.: magrebíes (singular: magrebí), oriundos del Magreb (o Mogreb).

6 En documentos oficiales, «sus labores» es la expresión española equivalente al «sans profession» francés – exclusivamente para las mujeres...

5

L'étude plus précise de la consommation spécifique des Maghrébins et des Portugais traduit, en effet, d'intéressantes **particularités** du mode de vie. Ainsi la femme portugaise est beaucoup plus souvent active (71 %) que la Maghrébine (32 %). Les Portugais semblent portés sur l'automobile, tandis que les Maghrébins, peu motorisés, accordent plus d'importance à l'habillement, aux produits pour bébé, aux communications (téléphone, **mandats**) et aux transports (avion). L'engouement des Portugais pour la voiture est spectaculaire. 26 % en possèdent deux. Les Mercedes, BMW, R21 ou R25 constituent 12,8 % du **parc automobile** des Portugais de France, contre seulement 5,8 % pour les voitures de Français. Mais les Portugais sont globalement moins bien logés que les Maghrébins. Les HLM accueillent 29 % des premiers contre 74 % des seconds. L'alimentation est logiquement influencée par la cuisine traditionnelle. Personne ne s'étonnera que les Maghrébins consacrent relativement plus d'argent au couscous, à la farine, au mouton, aux légumes secs, à l'huile et au thé mais consomment moins de porc et d'alcool. Les Portugais, eux, se démarquent par une surconsommation de poisson, de pâtes et de vin ordinaire. L'étude de l'INSEE montre qu'au-delà des traditions spécifiques le niveau de vie des étrangers est conditionné par **la taille de la famille et sa structure**, surtout lorsque le mari, seul en France, nourrit à distance sa famille. Les conditions de logement et de vie de ces «célibataires», forcés ou réels, restent médiocres. **La superficie moyenne** de leur logement est de 39 mètres carrés. Mais si l'on compare le niveau de consommation moyen de familles ouvrières française, maghrébine et portugaise, on parvient à des résultats extrêmement voisins (environ 13 400 F par mois). La taille de la famille, l'absence de deuxième salaire, et les contraintes de l'émigration **creusent les écarts**, que les diverses allocations ne compensent pas.

Un estudio más preciso del consumo específico de magrebíes y portugueses refleja efectivamente interesantes **peculiaridades** de su modo de vida. La mujer portuguesa suele trabajar con mayor frecuencia (71%[7]) que la mogrebí (32%). Parece que los portugueses son más dados a comprar automóviles, mientras que los mogrebíes están poco motorizados y conceden más importancia a la ropa, los productos para bebés, las comunicaciones (teléfono y **giros postales**) y los transportes (avión). La pasión de los portugueses por los coches es espectacular: el 26% posee dos. El 12,8% del **parque automovilístico** de los portugueses de Francia está constituido por Mercedes, BMW[9], Renault 21 y 25, o sea por modelos que sólo representan el 5,8% de los coches de los franceses. Los portugueses, sin embargo, tienen por lo general peores viviendas que los mogrebíes. Por un 29% de los primeros que habita en viviendas protegidas, tenemos un 74% de los segundos. En la alimentación influye lógicamente la cocina tradicional. A nadie le asombrará que los mogrebíes dediquen relativamente más dinero a la compra de cuscús[9], harina, cordero, legumbres, aceite y té, y que consuman menos cerdo y bebidas alcohólicas. Por su parte, los portugueses se destacan por su consumo abundante de pescado, pasta y vino corriente. Si se dejan de lado[10] algunas tradiciones específicas, el estudio del INSEE muestra que el nivel de vida de los extranjeros está condicionado por **el tamaño y estructura de la familia**, sobre todo cuando el marido se halla solo en Francia y la mantiene desde lejos. Las condiciones de vida y vivienda de estos «solteros» forzosos o auténticos siguen siendo medianas. **El promedio de superficie** de su vivienda es de 39 metros cuadrados. Pero si se compara el nivel medio de consumo de las familias obreras francesas, mogrebíes y portuguesas, se obtienen resultados sumamente parecidos (unos 13 400[11] francos mensuales). El tamaño de la familia, la carencia de un segundo salario y los imperativos de la emigración **ahondan las diferencias**, y los distintos subsidios no logran colmarlas.

¡ Cuidado !

7 Setenta y uno por ciento. A continuación: treinta y dos por ciento; veintiséis por ciento, doce coma ocho por ciento; cinco coma ocho por ciento; veintinueve por ciento; setenta y cuatro por ciento.

8 Pronunciar: bemeúves (y no *uve doble* en este caso).

9 Var.: sémola de trigo, alcuzcuz.

10 Var.: si se pasan por alto, si se prescinde de.

11 Trece mil cuatrocientos francos.

6

LOIN DES CAPITALES. SÉVILLE UN AN APRÈS L'EXPO

SUJET

Combien de fois a-t-il été dit que 1992 ne serait pas 1929, que l'Exposition universelle de l'an dernier ne suivrait pas les traces de l'exposition ibéro-américaine — juste avant la grande dépression — qui fut un échec ? Entre 1929 et 1992, il n'y a que deux chiffres inversés, mais surtout des risques de fortes similitudes, **quant à** l'ampleur de la crise économique, et **en fin de compte** une différence de taille. L'Expo 92 fut un succès.

La difficulté est maintenant de faire fructifier cette réussite, afin que ces six mois de «fêtes andalouses» n'aient pas été qu'**une parenthèse**. **C'est là que** les lendemains que l'on annonçait prometteurs deviennent quelque peu désenchantés et que le goût d'amertume de 1929 s'installe dans la bouche.

Lorsque, le 12 octobre 1992, les portes de l'Expo se sont fermées derrière les 15,5 millions de **visiteurs**, sur des gerbes de feux d'artifice, les vingt-cinq mille employés **se sont** vite **rendu compte que** la seule porte qui leur était désormais ouverte était celle du chômage. Des plaisantins avaient placardé sur la porte de l'INEM (équivalent de l'Agence nationale pour l'emploi) **un autocollant** publicitaire de l'Expo : *Tienes que venir* («Tu dois y aller»). Plus d'Expo, plus de **boulot**.

Michel Bôle-Richard, *Le Monde*, 25/10/93 [3796 signes, 616 mots]

Décidément, Séville n'a pas de chance, et le tremplin constitué par l'important **investissement** réalisé à cette occasion pourra difficilement être mis à profit, pour cause de crise mondiale. Comme le dit en plaisantant Rafael de la Cruz, président de Cartuja 93, la société **contrôlée à 51 % par l'État**, dont l'objectif est d'assurer un devenir aux 215 hectares de l'île de la Cartuja: «Dans trente ans, **lorsque Séville organisera** une manifestation mondiale, chacun saura que la crise n'est pas loin.»

Le maire, Alejandro Rojas-Marcos, n'a pas l'intention d'attendre aussi longtemps puisqu'il estime que faire de Séville une ville olympique en l'an 2004 est un objectif parfaitement «atteignable». Cela permettrait peut-être de mettre un terme à cette maudite fatalité et d'utiliser une nouvelle fois le capital **investi** puisque, pour le moment, il est plutôt en sommeil. Il n'est pas interdit au maire de rêver, mais il faut d'abord trouver une utilisation à toute l'infrastructure et au potentiel installés sur cette île, à la chartreuse **rénovée** qui a servi de résidence à Christophe Colomb et où il a préparé son quatrième et dernier voyage.

Aujourd'hui, un an après l'Expo, le site est partagé en trois zones : administrative, ludique et scientifique. Le parc ludique composé des anciens pavillons thématiques et des pavillons des communautés espagnoles autonomes, situés autour du lac, a ouvert ses portes le 5 juin.

LEJOS DE LAS CAPITALES. SEVILLA UN AÑO DESPUÉS DE LA EXPO

¿Cuántas veces se ha dicho que 1992[1] no iba a ser como 1929? ¿Cuántas veces se ha repetido que la Exposición Universal del año pasado no iba a seguir las huellas de la Exposición Iberoamericana, que se celebró justo antes de la Gran Depresión y resultó ser un fracaso? Entre 1929 y 1992 sólo hay una inversión de cifras, pero sobre todo hay riesgos de grandes similitudes **con respecto a** la amplitud de la crisis económica y **a fin de cuentas** una diferencia muy considerable. La Expo 92 fue todo un éxito.

Ahora lo difícil es hacer que este logro fructifique para que esos seis meses de «fiestas andaluzas» hayan sido algo más que **un paréntesis**. Y **aquí es donde** el prometedor futuro anunciado se torna un tanto desencantador y donde el regusto amargo de 1929 se pega a la boca.

Cuando el 12 de octubre de 1992, en medio de palmeras de fuegos artificiales, se cerraron las puertas de la Expo detrás de los quince millones y medio de **visitantes**, sus veinticinco mil empleados **se percataron** rápidamente **de que** a partir de ese momento la única puerta que tenían abierta era la del paro. En la puerta del Instituto Nacional del Empleo (INEM), que es el homólogo de la ANPE francesa, algunos bromistas habían puesto **una pegatina** publicitaria de la Expo con el eslogan «Tienes que venir». Se acabó la Expo, se acabó el **curro**[2].

Desde luego Sevilla no tiene suerte, y a causa de la crisis mundial difícilmente podrá aprovecharse el trampolín[3] que representa la importante **inversión** efectuada en esta ocasión. Rafael de la Cruz, presidente de Cartuja 93 —sociedad **de la que el Estado controla el 51%**[4] y cuyo objetivo es asegurar un futuro a las 215[5] hectáreas de la isla de la Cartuja—, dice bromeando a este respecto: «**Cuando** dentro de treinta años **Sevilla organice** un evento mundial, todos sabrán que la crisis ronda».

El alcalde Alejandro Rojas Marcos no tiene la intención de esperar tanto tiempo, porque considera perfectamente «viable» el objetivo de que Sevilla se convierta en una ciudad olímpica para el año 2004[6]. Esto quizás permitiese poner un término a esa maldita fatalidad y utilizar de nuevo el capital **invertido**, ya que de momento se encuentra aletargado. Nadie va a prohibirle al alcalde que sueñe, pero ante todo[7] hay que hallarle un uso a toda la infraestructura y el potencial instalados en la isla, es decir en la cartuja **restaurada**[8] donde Cristobal Colón residió y preparó su cuarto y último viaje.

Ahora, un año después de la Expo, este lugar se ha dividido en tres zonas: administrativa, recreativa y científica. El cinco de junio se abrieron las puertas del parque de atracciones integrado por los antiguos pabellones temáticos y los de las comunidades autónomas españolas, que están situados alrededor del lago.

¡ Cuidado !

1 Mil novecientos noventa y dos. A continuación: mil novecientos veintinueve.
2 Var.: currelo, curre (verbos: currar, currelar).
3 Var.: plataforma.
4 Cincuenta y uno por ciento.
5 Doscient**as** quince (femenino por *héctareas*).
6 Dos mil cuatro.
7 Var.: primero, en primer lugar.
8 Var.: rehabilitada. No obstante, este término se usa sobre todo para edificios no históricos. Cuando se trata de obras en un apartamento, se emplean *reformar* y *reforma*. Para una fachada, *remozar*.

6

Depuis, deux millions et demi de personnes se sont rendues dans ce qui est devenu un nouveau centre d'attraction de Séville, le carrefour de la jeunesse, qui s'y retrouve en fin de semaine dans les bars et les discothèques ou pour **assister à des spectacles**.

Ce lieu, épicentre d'une movida sévillane, a été séparé du reste du site par une énorme barrière derrière laquelle les pavillons conservés attendent qu'on leur trouve une destination. Tel celui de la France, qui, donné à l'Espagne, est actuellement muré dans ses miroitements gris **sans que l'on sache** quand et comment il sera réutilisé.

Çà et là, entre les pavillons silencieux, sont apparues les taches de sable jaune laissées par ceux qui **ont préféré partir** sans laisser de trace, sinon celle d'un espace vide, dont l'herbe hésite encore à prendre possession. Les avenues sont désertes, les boutiques vides et les vaporisateurs d'eau en congé. Jeudi soir 14 octobre, la vie est soudain revenue dans un petit coin : fleurs, discours et jets d'eau pour l'inauguration de *Tecnologica*, centre pour la qualité et la fiabilité.

7

BORGES, JEUX DE STYLES

Hector Biancotti, *Le Monde des Livres*, 26/7/1996 [963 signes, 167 mots]

De passage à Paris, en janvier 1983, Borges **me demanda de lui lire** les traductions **en** français de sa poésie. **Maintes fois**, au cours des séances de lecture, il avait regretté, sans plus, d'avoir écrit **tel ou tel poème**. Mais lorsqu'on est arrivé à cette élégie composée de deux sonnets, **dont le titre est** une date, 1964, où le poète — un *desdichado* — dit son malheur et **invoque la mort** «qui nous libère / du soleil, de la lune et de l'amour», Borges **s'exclama** scandalisé : «C'est sentimental !» Étonné, je lui vantai la beauté de ces vers et les lui relus. **Il y eut un silence**, puis, à mi-voix: «Bon ! Puisque ce **qui est sentimental** existe aussi en ce monde, je dois m'y résigner, non ?»

Ainsi renouait-il, Borges, avec le rêve impossible du scribe au service de la littérature, qui accepte que si une chose est **digne d'être chantée** toutes le sont, et confirmait la cohérence interne de son œuvre, une cohérence supérieure, universelle.

Desde entonces, dos millones y medio de personas han acudido a este nuevo centro de atracción de Sevilla, que se ha convertido en el punto de encuentro donde la juventud se congrega los fines de semana en bares y discotecas, o para **presenciar espectáculos**.

Este lugar es el epicentro de una movida a la sevillana y se ha separado del resto por una enorme barrera, detrás de la cual los pabellones conservados están esperando que se les encuentre un destino. Por ejemplo el de Francia, que ha sido donado a España y se encuentra como protegido tras sus reflejos grises, **sin que se sepa** ni cuándo ni cómo se volverá a utilizar.

Aquí y allá, entre los pabellones silenciosos han surgido las manchas de arena amarilla dejadas por los que **optaron por irse** dejando sólo la huella de un espacio vacío, que la hierba todavía vacila en invadir. Las avenidas están desiertas, las tiendas vacías y los vaporizadores de agua parados. A finales de la tarde del jueves catorce de octubre, la vida volvió de repente a un pequeño rincón con las flores, los discursos y los chorros de los surtidores, para la inauguración de Tecnológica, un centro de calidad y fiabilidad.

BORGES, JUEGOS DE ESTILO

En enero de 1983[1], Borges se hallaba de paso por París y **me pidió que le leyese** traducciones **al** francés de su poesía. Durante las sesiones de lectura, lamentó **en repetidas ocasiones**, pero sin más, el haber escrito **este o aquel poema**. Sin embargo, cuando llegamos a la elegía compuesta por dos sonetos e **intitulada** con la fecha[2] 1964 —en la que el poeta, un desdichado, habla de su desgracia e **invoca a la muerte** «que nos libra del sol y de la luna y del amor[3]»—, Borges **exclamó** escandalizado: «¡Es sentimental!». Me quedé sorprendido, alabé la belleza de aquellos versos y se los releí. **Se hizo un silencio** y luego me dijo a media voz: «¡Bueno! Como **lo sentimental** también existe en este mundo, tengo que resignarme a ello, ¿no?».

De esta manera, Borges reanudaba con el sueño imposible del escriba que está al servicio de la literatura y acepta que si una cosa es **digna de ser cantada** todas las demás también lo son; y asimismo confirmaba la coherencia interna de su obra, una coherencia superior y universal.

¡ Cuidado !

1 Mil novecientos ochenta y tres.
2 En sentido general, fecha significa «tiempo en que ocurre o se hace una cosa» (DRAE).
3 «La muerte, ese otro mar, esa otra flecha, que nos libra del sol y de la luna y del amor», in *El otro, el mismo* (1964).

8 PHILIPPE, 22 ANS, COLOMBIEN ET POÈTE

Son premier contact avec la poésie **remonte à** l'enfance : «J'avais cinq ans. Je vivais avec mes grands-parents dans ce petit village de Bolivar où naissent les trois cordillères. La rue principale, la Calle Real, qui était la seule rue pavée, descendait très fort. Je cherchais le vertige de la vitesse. Je me lançais en courant et tentais d'aller **chaque fois de plus en plus vite**. Pour aller plus vite, j'ai d'abord imaginé que le diable me poursuivait. Je tentais de lui échapper. Mais cela ne suffisait pas pour aller vite. Alors j'ai imaginé que **c'était Dieu qui** me poursuivait, le Dieu cruel, le Dieu qui châtie, celui que nous **apprend** la religion catholique. Et je courais de plus en plus vite pour l'esquiver. La poésie, c'est un peu le même jeu. Le fait d'avoir besoin d'inventer quelque chose pour se sentir libre.»

Felipe Garcia Quintero a vingt-deux ans, l'équivalent d'une maîtrise en littérature et plusieurs **prix de poésie** gagnés dans des **concours** universitaires et nationaux. **Il fait partie** de ces quelques jeunes poètes colombiens dont on chuchote dans les milieux littéraires qu'**ils promettent**.

Quand il parle, d'une voix basse, ce grand brun, au type indien et aux cheveux noirs mi-longs — cinq ans de **phobie de coiffeur** — a le débit rapide des grands timides. Il parle **les yeux baissés** sans s'arrêter et quête de temps à autre une approbation en jetant un regard vers son amie Frida, son **ange gardien**, jolie et souriante, qui l'accompagne partout.

Anne Proenza,
Le Monde, 9/8/96
[10651 signes, 1764 mots]

Felipe Garcia est le fondateur d'*Ophelia*, la plus grande des quarante revues de poésie colombiennes. Il est le directeur des Rencontres poétiques de Popayan, la dernière-née des manifestations poétiques de Colombie. Ses poèmes ont été publiés dans *El Magazin dominicial*, le supplément littéraire renommé du quotidien *El Espectador*. Il termine son premier livre, *Cahier d'un excusé*, un recueil de soixante poèmes en prose, **grâce à** la bourse destinée aux jeunes créateurs qu'il a gagnée en 1995.

Tous les mercredis, **vers** 6 h 30 de l'après-midi, **une dizaine** d'étudiants se réunissent **à son invitation** à la Maison de la culture de Popayan «pour converser et faire des propositions». Ainsi sont nées *Ophelia*, des rencontres de poésie, et son association *Sundapalabre* («Créer la parole»). **Dans sa tête**, Felipe a encore le projet d'un centre de recherche en littérature et mille idées.

Ce bouillonnement individuel contraste avec l'apathie de la ville où il vit. Popayan, 200 000 habitants, au sud-est de la Colombie, était réputée autrefois pour son passé culturel et politique. **Du temps de** la colonie espagnole, c'était un centre religieux important. La Semaine sainte, avec ses processions somptueuses y **attire encore** des milliers de touristes. La ville s'enorgueillit aussi d'avoir donné douze présidents et quelques poètes renommés au pays. Guillermo Valencia, poète reconnu et candidat malheureux à la présidence de la République, a ainsi donné son nom à la majorité des places et des édifices de la ville.

Mais, en 1983, un tremblement de terre de grande magnitude a complètement détruit la région.

FELIPE, UN POETA COLOMBIANO DE 22 AÑOS

Su primer contacto con la poesía **se remonta a** su infancia. «Tenía cinco años y vivía con mis abuelos en la pequeña aldea de Bolívar, donde nacen las tres cordilleras. La Calle Real, que era la principal y la única pavimentada, tenía una pendiente pronunciada. Yo buscaba el vértigo de la velocidad y me lanzaba corriendo **e** intentando ir **cada vez más deprisa**. Para ello, al principio imaginé que el diablo me perseguía y yo trataba de huir de él, pero no bastaba para ir veloz. Entonces me imaginé que **era Dios quien** me perseguía, el Dios cruel y punitivo que nos **enseña** la religión católica, y corría cada vez más rápido para esquivarlo. La poesía es un juego algo parecido: tener necesidad de inventar algo para sentirse libre».

Felipe García Quintero tiene veintidós años, un título equivalente a una tesina de literatura y varios **premios de poesía** ganados en **certámenes**[1] universitarios y nacionales. **Forma parte** de esos pocos poetas colombianos de los que se murmura que **tienen madera** en los medios literarios.

Este muchacho alto y moreno, aindiado y de cabello negro medianamente largo —cinco años de **fobia al peluquero**—, cuando habla con su voz baja tiene la cadencia[2] rápida de las personas muy tímidas. Habla sin pausa, **con los ojos entornados**, y de vez en cuando solicita un asentimiento lanzando una mirada a su amiga Frida, su bello y sonriente **ángel de la guarda** que le acompaña por doquier.

Felipe García ha fundado *Ofelia*, la más importante de las cuarenta revistas colombianas de poesía, y dirige los Encuentros Poéticos de Popayán, el evento poético más reciente de Colombia. Sus poemas han sido publicados en *El Magazín Dominical*, famoso suplemento literario del diario *El Espectador*, y **merced a** una beca para jóvenes creadores que ganó en 1995[3], está acabando su primer libro que lleva por título *Cuaderno de un excusado* y es una antología de sesenta poemas en prosa.

A invitación suya, todos los miércoles **a eso de** las seis y media de la tarde se reúnen **unos diez** estudiantes en la Casa de la Cultura de Popayán «para charlar y hacer propuestas». De ahí han surgido *Ofelia*, los encuentros de poesía y la asociación *Sundapalabre* («Crear la palabra»). Felipe tiene **en mente** además un proyecto de centro de investigación literaria y otras mil ideas.

Esta efervescencia intelectual contrasta con la apatía de la ciudad de 200.000[4] habitantes en la que vive: Popayán, que está situada al sudeste[5] de Colombia y fue reputada en otros tiempos por su pasado cultural y político. **En tiempos de** la colonización española era un centro religioso de importancia y sus suntuosas procesiones de Semana Santa **siguen atrayendo todavía** a miles de turistas. Esta ciudad se enorgullece también de haber dado al país doce presidentes y algunos poetas famosos. Por ejemplo, el reconocido poeta Guillermo León Valencia, que fue candidato desafortunado a la presidencia de la República y ha dado su nombre a gran parte de las plazas y edificios de la ciudad.

En 1983[6], un terremoto de gran magnitud destruyó la región por completo.

¡ Cuidado !

1 El término más general y usual es *concurso* (por ejemplo: concurso hípico o de belleza). *Certamen* se emplea más bien para concursos literarios. En cuanto a las *oposiciones* son concursos para ingresar en los diferentes sectores de la administración pública. Nótese, por otra parte, que la expresión *concurso de circunstancias* existe en español.

2 Aquí no conviene *caudal* porque se refiere a corrientes de agua.

3 Mil novecientos noventa y cinco.

4 Doscientos mil.

5 Var.: sureste.

6 Mil novecientos ochenta y tres.

8

Les belles maisons au balcon de bois du **centre colonial**, les églises, les couvents, tout a été dévasté en quelques minutes. Le joyau historique du centre-ville vient à peine d'être reconstruit, à l'identique. C'est la deuxième fois que la cité renaît de ses cendres après un tremblement de terre. Le décor est le même mais, aujourd'hui, plus personne ne vit dans le centre-ville. La plupart des bâtiments reconstruits abritent des institutions publiques, des commerces ou des hôtels. Les familles bourgeoises qui y vivaient **autrefois** ne sont jamais revenues.

Trois bibliothèques et une librairie sont **les uniques oasis** culturelles que peuvent fréquenter les cinq mille étudiants des universités toujours renommées de Popayan. Les livres représentent donc, pour Felipe, Frida et leurs compagnons autant de trésors. «Pour être écrivain, il faut être avant tout un bon lecteur», affirme le jeune poète, qui étonne la plupart de **ses aînés** par son érudition et sa curiosité pour la chose littéraire. Dans la modeste chambre de la maison où il vit avec sa mère, ses grands-parents, des oncles, des tantes et des cousins (en tout douze personnes) la collection quasi complète du supplément littéraire d'*El Espectador* est rangée précieusement près du lit. Sur une paroi courent des rayonnages : à gauche la littérature, à droite la poésie. En tout, quelques centaines d'ouvrages dont la récolte n'a pas dû être facile, **compte tenu des revenus** modestes de la famille.

Inés del Socorro, la maman, travaille dans une cafétéria et Don Guillermo, le grand-père, **ancien métayer**, est à la retraite. Le père de Felipe, un militaire, les a abandonnés quand il était enfant. Sa sœur est morte **à sept mois** quand il avait deux ans. Sur son enfance, Felipe préfère se taire. A peine lui arrache-t-on quelques mots amers sur la religion catholique qui prêche, selon lui, la «résignation».

Ses livres, donc, il les a achetés grâce aux prix de poésie gagnés. Ce sont aussi des cadeaux ou tout simplement des prêts. Son professeur **préféré**, Giovanni Qesseps — poète colombien reconnu et docteur honoris causa de l'université du Cauca où étudie Felipe — **ouvre souvent** sa bibliothèque personnelle à quelques étudiants privilégiés. Les concours ont aussi permis à Felipe de **continuer ses études** tout en aidant sa mère. Car, comme professeur d'espagnol non titulaire dans un collège, l'État lui propose à peine 700 pesos l'heure (3,50 francs).

Pour **faire des études supérieures** en Colombie, il faut donc, s'y l'on n'est pas riche, en avoir **vraiment** envie. Frida a ainsi dû remettre son inscription en doctorat au second semestre. **En attendant**, elle aide Felipe à publier leur revue *Ophelia*, dont les 800 exemplaires distribués tous les deux mois, sont imprimés dans une école primaire obligeante et assemblés dans les sous-sols du lycée professionnel qui met à leur disposition une grande table et un **massicot**.

La vie du poète n'est pas faite que de jeux. Pendant un an, Felipe Garcia a aussi animé avec un de ses compagnons, Francisco Gomez, poète prometteur, un atelier dans une prison de Popayan. La rencontre, intitulée *En brisant les murs* avait lieu un après-midi par semaine, avec une vingtaine de **détenus**. Les deux jeunes étudiants partaient du principe «qu 'il n 'y avait pas de différence entre eux et nous, entre les hommes en général qui sont tous prisonniers de quelque chose». La «condition humaine» est, **à l'en croire**, l'obsession de Felipe, qui n'écrit plus de poèmes d'amour depuis ses dix-sept ans, estimant que «c'est le plus difficile du monde».

Dans son dernier recueil, seul un poème pourrait être inspiré par cette veine. Il raconte, en prose, l'histoire d'un homme qui, attendant en vain une femme dans un parc, se transforme en marbre: «Si tu me vois ainsi, ne t'effraie pas, les marques taillées sur mon ventre sont un jeu de l'enfance :

Las hermosas casas con balcones de madera del **casco colonial**, las iglesias y conventos de Popayán fueron devastados en escasos minutos. Sólo muy recientemente ha finalizado la reconstrucción exacta del centro de la ciudad, que es una auténtica joya de la historia. Es la segunda vez que la ciudad renace de sus cenizas tras un terremoto. Aunque el marco es el mismo, ya nadie vive en el centro porque en la mayoría de los edificios reconstruidos se han instalado entidades públicas, comercios **u** hoteles. Nunca han vuelto las familias burguesas que **antaño** vivían aquí.

Tres bibliotecas y una librería son **los únicos oasis** culturales que pueden frecuentar los cinco mil estudiantes de las aún famosas universidades de Popayán. Por eso, para Felipe, Frida y sus compañeros, los libros son verdaderos tesoros. «Para ser escritor hay que ser ante todo un buen lector», esto es lo que afirma el joven poeta cuya erudición y curiosidad en materia literaria asombran a **sus mayores**. En el modesto cuarto de la casa donde vive con su madre, abuelos, tíos, tías y primos (doce personas en total), la colección casi completa del suplemento literario de *El Espectador* está cuidadosísimamente colocada cerca de la cama. Hay una pared recorrida por estanterías, con la poesía a la derecha y el resto de la literatura a la izquierda. En total, unos centenares de obras que no ha debido ser fácil reunir, **habida cuenta de los ingresos** modestos de la familia.

Su mamá, Inés del Socorro, trabaja en una cafetería; y el abuelo, Don Guillermo, es un **ex aparcero** jubilado. El padre de Felipe, militar, les abandonó cuando él era un niño aún. Su hermana murió **a los siete meses** cuando él tenía dos años. De su infancia Felipe prefiere no hablar. Apenas puede uno arrancarle unas cuantas palabras amargas sobre la religión católica, que preconiza la «resignación», según dice él.

Sus libros se los ha comprado, por consiguiente, gracias a los premios de poesía que ha ganado. Algunos se los han regalado o simplemente prestado. Su profesor **predilecto**, el afamado poeta colombiano Giovanni Qesseps, que es doctor honoris causa de la Universidad del Cauca donde Felipe estudia, **suele abrir** las puertas de su biblioteca personal a unos cuantos estudiantes privilegiados. Los certámenes literarios también han permitido a Felipe **proseguir sus estudios** y ayudar a su madre al mismo tiempo. En efecto, en su calidad de profesor no titularizado de castellano[7] en un colegio, el Estado apenas le paga 700[8] pesos por hora.

Por lo tanto, en Colombia hace falta **de veras** tener ganas de **cursar estudios superiores** cuando uno no es rico. Frida, por ejemplo, ha tenido que aplazar[9] su matriculación en doctorado hasta el segundo semestre. **Mientras tanto** ayuda a Felipe a publicar su revista *Ofelia*, de la que se distribuyen cada dos meses ochocientos ejemplares, impresos en una escuela primaria complaciente y encuadernados en los sótanos de un colegio técnico, que pone a su disposición una gran mesa y una **guillotina**.

La vida del poeta no se compone exclusivamente de juegos florales. Durante un año, Felipe García y uno de sus compañeros, el prometedor poeta Francisco Gómez, han animado un taller de poesía en una cárcel de Popayán. Este evento se denominó *Rompiendo muros* y se celebraba una tarde por semana con unos veinte **presos**. Los dos jóvenes estudiantes habían partido del principio de «que entre ellos y nosotros no había diferencia alguna, como tampoco entre los hombres en general porque todos ellos son prisioneros de algo». **Si damos crédito** a Felipe, su obsesión es la «condición humana», y ya no escribe poemas de amor desde que tenía diecisiete años por considerar que «son la cosa más difícil del mundo».

En su última antología, tan sólo parece tener esta vena un poema en prosa de la historia de un hombre que se transforma en mármol, mientras espera en vano a una mujer en un parque. «No te espantes si me ves así, las señales grabadas en mi vientre son de un juego de infancia:

¡ Cuidado !

7 Para un español en esta situacción, se diría: profesor interino de lengua.

8 Setecientos. En el texto español, no es menester poner el equivalente en moneda francesa (tres francos cincuenta).

9 Var.: posponer.

j'ai vu comment un enfant aveugle inscrivait le nom de son père sur ma peau et le poignardait ensuite jusqu'à ne plus pouvoir. Maintenant, tu sais, j'ai son visage taillé qui cicatrise sur le mien.»

La poésie, ou **plutôt** l'écriture, est un véritable engagement, une **ligne droite** qu'il s'est tracée. Il suit ainsi **un courant formidable** qui a submergé le pays ces dernières années : amateurs de poésie, lectures publiques, poètes — **en herbe** ou pas — et revues se sont multipliés. «La tradition poétique a cependant toujours existé en Colombie, **souligne** le poète et journaliste Juan Manuel Roca, notamment depuis José Asuncion Silva, le premier poète moderne d'Amérique latine.» Le centenaire de ce poète, né en 1896, était d'ailleurs fêté avec emphase cette année. Sa silhouette barbue hante forcément les promceneurs de la capitale : elle a été **pochée** en noir des milliers de fois sur les murs de Bogota. Mais tous les spécialistes **sont d'accord** : l'engouement pour la parole écrite et poétique n'a jamais été aussi grand en Colombie.

C'est que «la parole n'a jamais eté aussi maltraitée et abaissée», explique Felipe en faisant allusion à la grave crise politique et morale que vit le pays. «Il y a une renaissance de la poésie. On a perdu l'honnêteté de la parole, et la poésie est une réponse positive à la crise. Les hommes politiques salissent les mots. Les poètes tentent de les nettoyer», **affirme** le jeune étudiant. Et il n'est pas le seul à penser qu'aujourd'hui **l'imbroglio** narcopolitique vécu par la classe dirigeante annonce un moment crucial pour le pays.

«La crise des valeurs est profonde. La première crise est toujours la crise du langage», remarque, paraphrasant l'écrivain Octavio Paz, Juan Manuel Roca, ajoutant : «Nous commençons à douter de la parole.» Ainsi, à Medellin, **une des villes les plus violentes** du pays, un Festival international de poésie, unique en son genre, draine des milliers de personnes **depuis six ans**. Cette année, entre 10 000 et 15 000 personnes ont assisté chaque soir, au mois de juin, aux lectures de poètes venus des quatre coins du monde : Sibérie, Chine, Bosnie, Mexique ou Japon. On n'avait jamais vu nulle part **autant de monde** écouter et applaudir un poème.

«C'est un pays de mensonges et la poésie est l'unique mode d'expression qui n'admet pas la fausseté, affirme Felipe. La parole a perdu sa crédibilité. C'est un moment historique propice à un changement réel. Il incombe à la jeunesse de construire le pays.» *El Espectador* consacre d'ailleurs chaque semaine, dans son supplément, une page à un poète. A Popayan, les rencontres de poésie, plus modestes que le festival de Medellin, attirent jusqu'à 1 000 ou 2 000 personnes par lecture. «Ce qui n'est pas si mal pour une ville de 200 000 habitants», souligne Felipe.

Les amateurs de livres et de parole se retrouvent aussi dans l'unique librairie de Popayan. A Macondo — ainsi se nomme l'établissement, allusion au monde imaginaire de Gabriel Garcia Marquez — quelques tables sont coincées entre les livres. Le propriétaire, Omar Lasso, quand il est **en verve**, propose quelques cocktails choisis à ses visiteurs, dont la fabrication est un secret : *Fiesta*, qui exorcise les cauchemars de l'homme, ou *Glasnost*, souvenir de la perestroïka, qu'on appelle aussi «boisson de la transparence et de la **volupté**» ou encore «piège de la séduction».

Sur un coin de **table bancale**, les étudiants ou les professeurs écrivent, rêvent, lisent... Felipe et Frida espèrent un jour obtenir une bourse, afin de poursuivre leurs études à l'étranger, à Madrid, à Rome, à Paris. «Peu importe si c'est hors du pays», car le poète qui a voyagé un peu en Colombie **au gré des invitations** et beaucoup dans ses pensées n'a jamais vu la mer. Il adorerait la traverser en vrai.

he visto como un niño ciego escribía el nombre de su padre en mi piel y luego lo apuñalaba hasta más no poder. Ahora ya lo sabes, llevo grabado su rostro que cicatriza sobre el mío»[10].

La poesía, o **más bien** la escritura, es un verdadero compromiso para él, una **línea recta** que se ha trazado. De esta manera sigue **la formidable corriente** que ha anegado el país en los últimos años. Se han multiplicado los aficionados a la poesía, las lecturas en público, los poetas **en ciernes** o maduros, y las revistas. El poeta y periodista Juan Manuel Roca **hace hincapié** en que «sin embargo, la tradición poética siempre ha existido en Colombia, sobre todo a partir de José Asunción Silva, el primer poeta moderno de América Latina». Cabe señalar que el centenario de este poeta nacido en 1896[11] se ha celebrado con énfasis este año. Su silueta barbuda obsesiona forzosamente a los paseantes de Bogotá, porque ha sido **estarcida** miles de veces en las paredes de la capital. No obstante, todos los especialistas **coinciden** en decir que la pasión por la palabra escrita y poética nunca ha sido en Colombia tan grande como ahora.

Felipe, al aludir a la grave crisis moral y política que vive el país, explica que se debe a que «nunca la palabra se vio tampoco tan maltratada y envilecida como ahora». Y el joven estudiante **asevera**: «Hay un renacimiento de la poesía. Se ha perdido la honradez de la palabra, y la poesía es una respuesta positiva a la crisis. Los políticos ensucian las palabras, los poetas tratan de limpiarlas». Por cierto que no es el único en pensar que **el embrollo** narcopolítico vivido por la clase dirigente anuncia hoy un momento crucial para el país.

Juan Manuel Roca, parafraseando al escritor Octavio Paz, señala que «la crisis de valores es profunda y la primera crisis es siempre la del lenguaje»; y añade: «empezamos a dudar de la palabra». Por eso, **desde hace seis años** miles de personas van a Medellín, **una de las ciudades más violentas** de todo el país, atraídas por un Festival de Poesía que es único en su género. En el mes de junio de este año, de diez a quince mil personas asistieron a las lecturas dadas por poetas llegados de las cuatro partes del mundo, de Siberia, China, Bosnia, Méjico y Japón. Nunca se vió en parte alguna **tanto gentío** para escuchar y aplaudir un poema. Felipe dice que «este es un país de mentiras y la poesía es el único modo de expresión que no admite la falsedad. La palabra ha perdido su credibilidad. Estamos en un momento histórico propicio para un cambio real. A la juventud le incumbe construir el país». Cada semana, *El Espectador* dedica a un poeta una página de su suplemento. Los encuentros de poesía de Popayán, aunque son más modestos que el Festival de Medellín, atraen de mil a dos mil personas por lectura. Felipe hace hincapié en que «no está mal para una ciudad de doscientos mil habitantes».

Los aficionados a los libros y a la palabra se reúnen también en la única librería de Popayán —llamada Macondo por alusión al mundo imaginario de Gabriel García Márquez—, donde hay algunas mesas encajonadas entre los libros. Su propietario, Omar Lasso, cuando está **inspirado** ofrece a los visitantes algunos cócteles selectos de fabricación secreta como el *Fiesta*, que conjura las pesadillas humanas, o el *Glasnost*, en recuerdo de la *perestroika*, al que también se denomina «bebida de la transparencia y la **voluptuosidad**» o «trampa de la seducción».

En la esquina de una **mesa coja**, estudiantes o profesores escriben, sueñan y leen... Felipe y Frida esperan obtener una beca algún día para proseguir sus estudios en el extranjero, en Madrid, Roma o París. El poeta dice: «Da igual que sea fuera del país», porque si bien ha viajado **al azar de las invitaciones** un poco por Colombia, y mucho con su pensamiento, nunca ha visto el mar y le encantaría cruzarlo de veras.

¡ Cuidado !

10 No disponemos del texto original del poema.

11 Mil ochocientos noventa y seis.

9

SUJET

TRENTE MILLIONS D'AFRICAINS MENACÉS PAR LA FAMINE. L'AIDE DÉVOYÉE

Eric Fottorino,
Le Monde, 13/5/91
[3411 signes, 533 mots]

Le secrétaire général des Nations unies, M. Javier Perez de Cuellar, **a lancé**, vendredi 10 mai à New-York, **un appel** en faveur de l'Afrique, menacée de famine. On estime à trente millions le nombre d'Africains qui auront besoin de secours d'urgence en 1991. M. Perez de Cuellar a demandé un sursaut de solidarité de la part de la communauté internationale. Plusieurs experts s'interrogent toutefois, à la lumière des expériences passées, sur la façon dont est gérée l'aide alimentaire.

Le Bangladesh sous les eaux, les populations du **Sud-Soudan**, du Rwanda et du Libéria en proie à la famine : les images se bousculent de populations sans abri, d'enfants décharnés ou effrayés, de mères en pleurs et d'hommes vaincus. Un spectacle qu'on croirait **éternel** et qui montre combien, au terme de ce siècle de progrès, **le tiers-monde** reste à la merci de catastrophes n'ayant de naturel que l'apparence.

Les crues, les inondations et **les sécheresses** annoncent depuis toujours l'exode et la faim. Pourquoi faut-il aujourd'hui encore que des millions de familles soient **prises au dépourvu** et **finalement** victimes de drames dont l'histoire enseigne la terrible fréquence ?

L'impuissance le dispute à la colère de devoir un jour célébrer, ici une basilique somptuaire, là une mosquée luxueuse ou des barrages inutiles, des palais ubuesques, des projets agricoles aussi dispendieux qu'inutiles ; puis dans ce même tiers-monde truffé d'«éléphants blancs», de déplorer l'inorganisation des secours, le manque de moyens, l'imprévoyance, l'incompétence.

Une fois encore se pose la question de l'efficacité de l'aide humanitaire. Dans son principe, elle est incontestable. Qui remettrait en cause le soutien porté à des populations sinistrées, même si les régimes en place ne remplissent pas les conditions idéales de respect des **droits de l'homme** ou de la démocratie ? **Au milieu des années 80**, **un courant** libéral recommandait de secourir seulement les «bons pauvres», justifiant ainsi son refus de soulager le peuple éthiopien **sous prétexte que** le régime dirigiste du colonel Mengistu ne méritait aucun égard. Cette distinction entre les victimes n'a plus cours, et tant mieux. Avant d'être marxiste, la souffrance est d'abord humaine. Fondée sur ce principe d'universalité, l'aide internationale ne doit pourtant pas céder à l'angélisme du don. Apaiser sa conscience par l'envoi d'**une aide médicale** ou alimentaire sans vérifier son emploi sur place ressemble fort à de la légèreté.

EL HAMBRE AMENAZA A TREINTA MILLONES DE AFRICANOS. LA AYUDA DESCARRIADA

El Sr. Javier Pérez de Cuéllar, Secretario General de las Naciones Unidas, **ha hecho** el viernes 10 de mayo **un llamamiento** en pro de África que se ve amenazada por el hambre. Se calcula que treinta millones de africanos necesitarán ser socorridos con urgencia en 1991[1]. El Sr. Pérez de Cuéllar ha pedido a la comunidad internacional que tenga un arranque de solidaridad. No obstante, a la luz de experiencias anteriores varios expertos se preguntan de qué manera se administra la ayuda alimentaria.

Bangladesh está anegado por las aguas, y las poblaciones de **Sudán meridional**, Rwanda y Liberia son víctimas del hambre. Se suceden atropelladamente las imágenes de poblaciones sin techo, de niños esqueléticos o amedrentados, de madres llorando y de hombres vencidos. Este espectáculo parece ser **eterno** y demuestra hasta qué punto, en las postrimerías de este siglo de progreso, **el Tercer Mundo** sigue estando a la merced de catástrofes que sólo son naturales en apariencia.

Las **crecidas**, las inundaciones y las **sequías** siempre han anunciado el éxodo y el hambre. ¿Por qué hoy todavía ha de ser inevitable que millones de familias se vean **cogidas de improviso** por dramas cuya terrible frecuencia nos enseña la historia? ¿Por qué han de ser víctimas de ellos **en última instancia** ?

Los sentimientos de impotencia y cólera rivalizan en nosotros cuando tenemos que celebrar la realización de basílicas suntuosas, mezquitas lujosas, embalses inútiles, palacios esperpénticos o proyectos agrícolas tan dispendiosos como inútiles, en distintas partes de un Tercer Mundo atiborrado de elefantes blancos, en el que luego hay que deplorar la falta de organización de los socorros, la carencia de medios, la imprevisión y la incompetencia.

Una vez más se plantea el problema de la eficacia de la ayuda humanitaria. Su principio no admite discusión. En efecto, ¿quién cuestionaría[2] la ayuda a las poblaciones damnificadas[3], aunque los regímenes existentes no cumplan con las condiciones ideales de respeto a **los derechos humanos** o la democracia? **A mediados de los años 80**[4], **una corriente** del pensamiento liberal recomendaba que se socorriera solamente a los «pobres buenos», y de esta manera justificaba su negativa a aliviar la situación del pueblo etíope, **so pretexto de que**[5] el dirigismo del coronel Mengistu no merecía ninguna clase de contemplaciones. Esta distinción entre las víctimas ya no se da, y mucho mejor que así sea. El sufrimiento no es marxista, es ante todo humano. No obstante, la ayuda internacional basada en este principio de universalidad no debe caer en la candidez del regalo. Hay algo que se parece mucho a la frivolidad: tranquilizar la propia conciencia con el envío de una **ayuda médica** o alimentaria sin verificar su utilización sobre el propio terreno[6].

¡ Cuidado !

1 Mil novecientos noventa y uno.
2 Var.: pondría en tela de juicio.
3 Var.: siniestradas
4 Ochenta.
5 Var.: con la excusa de que.
6 Var.: *in situ*.

9

Bien sûr, les **donateurs** se heurtent à la fameuse souveraineté des États qui interdit toute ingérence dans les affaires intérieures d'un pays, fût-il en difficulté. Réclamés par nombre d'organisations humanitaires (appuyées en cela par les plus hautes autorités politiques françaises), le devoir et aussi le droit d'ingérence devraient pouvoir se forger au feu de l'action caritative d'urgence. Le don n'est rien sans la gestion du don.

Trop souvent par le passé, l'aide humanitaire a fourni une prime aux **pouvoirs en place** contre la partie de la population que ces derniers avaient clairement désignée comme victime des sinistres. Des Ibos du Biafra (Nigéria) aux Touaregs du Mali, des **ethnies déshéritées** du Sahel aux chrétiens et animistes du Sud-Soudan en butte aux sévices du pouvoir central musulman, on ne compte plus les oubliés des grands mouvements de solidarité.

Naturalmente, **los donantes**[7] se topan con la tan cacareada soberanía estatal que impide toda ingerencia en los asuntos internos de un país, por muchos aprietos en los que éste se encuentre[8]. En el combate de la acción caritativa de emergencia, tendrían que poder forjarse el deber y el derecho de ingerencia reclamados por muchas organizaciones humanitarias con el apoyo de las más altas autoridades políticas francesas. Sin gestión, la donación no vale nada.

En el pasado, con demasiada frecuencia, la ayuda humanitaria prestó un apoyo adicional a los **poderes establecidos** contra el sector de la población que éstos habían designado claramente como víctima de catástrofes. Desde los ibos de Biafra hasta los tuareg del Malí, y desde las **etnias desvalidas**[9] del Sahel hasta los cristianos y animistas del Sudán meridional maltratados por el poder central musulmán, los olvidados de los grandes movimientos de solidaridad son innumerables[10].

¡ Cuidado !

7 Esta misma palabra se usa en español para designar a los *donantes de sangre.*
8 Var.: por muchas dificultades que éste tenga.
9 Var.: desheredadas, indigentes.
10 Var.: infinitos.

10

LES «ÉCUYÈRES» ENVAHISSENT LES TROTTOIRS DE LA HAVANE

Jean-Michel Caroit, *Le Monde*, 8/10/96 [3001 signes, 458 mots]

«Les âmes en peine perdront leur temps à chercher la compagne d'un instant contre rétribution financière. Depuis la révolution, la prostitution n'existe plus à Cuba», lisait-on dans l'édition 1990 **du *Guide* Arthaud consacré à l'île caraïbe**. Les temps ont bien changé, **au point que** la presse officielle multiplie reportages et débats pour tenter d'expliquer le retour en force du plus vieux métier du monde.

Que Cuba, connu dans **les années 50** comme «le bordel de l'Amérique», soit redevenu dans les années 90 une destination du tourisme sexuel ne fait aucun doute. Dès la nuit tombée, le Malecon, la large avenue de bord de mer, ou la Quinta Avenida, qui traverse le quartier résidentiel de Miramar, se transforment en terrain de chasse. **De très jeunes femmes** aux charmes à peine voilés par quelques centimètres carrés de lycra alpaguent l'étranger sans ambiguïté. Dans les restaurants branchés de la ville coloniale et les discothèques des grands hôtels s'exhibent des couples dépareillés, hétaïres à peine sorties de l'adolescence et Européens **largement** au-delà de l'âge de la retraite.

Face à l'ampleur du phénomène, les autorités ont lancé **en juin dernier** une contre-offensive. L'hebdomadaire *Juventud Rebelde* a révélé le démantèlement d'un réseau qui offrait les services de quelque sept mille prostituées à Varadero, la principale station balnéaire de l'île. Des propriétaires louant leurs appartements pour des rencontres tarifées, **des chauffeurs de taxi**, des portiers d'hôtel et des proxénètes ont été poursuivis. La loi, qui prévoit une peine pouvant atteindre quatre ans de prison après trois avertissements, est sporadiquement appliquée.

Cette répression n'empêche pas les péripatéticiennes de continuer leur office **à la barbe** des policiers révolutionnaires. «Le gouvernement cubain n'a jamais tiré de bénéfices financiers de ce triste phénomène social qui n'a jamais constitué une politique pour pallier les difficultés économiques que traverse le pays», affirme l'hebdomadaire *Granma Internacional* en réponse à une série de reportages publiés dans la presse espagnole. Tout en reconnaissant que l'image des belles *mulatas* a été utilisée pour promouvoir le tourisme cubain, la presse officielle **insiste sur** les différences entre les prostituées des années 50, «de pauvres paysannes ignorantes», et les *jineteras* d'aujourd'hui, qui vendraient leurs corps **non pour survivre, mais pour** accéder aux biens de consommation inaccessibles à la grande masse des Cubains.

L'usage même du terme *jinetera* — «écuyère» —, qui a remplacé celui, péjoratif, de prostituée, exprime, selon le sociologue Aurelio Alonso, une tolérance de la famille et de la société face à ce phénomène **attisé** par le boom touristique. Les grands frères rabattent le gibier sur le Malecon, et les pères de famille **font mine d'ignorer** d'où vient l'argent qui a permis d'acheter un téléviseur en couleur, espérant **secrètement** que leur fille finira par épouser un étranger.

LAS JINETERAS INVADEN LAS ACERAS DE LA HABANA

«Los corazones solitarios perderán el tiempo buscando una compañera de paso a cambio de retribución financiera. Desde la Revolución, la prostitución ya no existe en Cuba». Esto es lo que se leía en la edición de 1990[1] **de la *Guía* Arthaud dedicada a la isla caribeña**. Los tiempos han cambiado mucho, **hasta tal punto que** la prensa oficial prodiga reportajes y debates para tratar de explicar el pujante retorno del oficio más antiguo del mundo.

No cabe duda alguna de que Cuba, conocida en **los años cincuenta** como el «burdel de América», se ha vuelto a convertir en los años noventa en un punto de destino del turismo sexual. En cuanto anochece, se transforman en cazaderos tanto el ancho paseo que bordea el mar, el Malecón, como la Quinta Avenida que atraviesa el barrio residencial de Miramar. Abordan al extranjero sin ambigüedad **mujeres jovencísimas** con encantos apenas tapados por unos centímetros cuadrados de lycra. En los restaurantes de moda del barrio colonial y en las discotecas de los grandes hoteles, se lucen parejas desiguales formadas por hetairas apenas salidas de la adolescencia y europeos que han superado **con creces** la edad de la jubilación.

Ante las proporciones tomadas por este fenómeno, **el pasado mes de junio** las autoridades han lanzado una contraofensiva. El semanario[2] *Juventud Rebelde* ha revelado el desmantelamiento de una red que ofrecía los servicios de unas 7.000[3] prostitutas en Varadero, que es la playa turística más importante de la isla. Se ha perseguido judicialmente a propietarios que alquilan sus apartamentos para citas de pago, **taxistas**, porteros de hotel y proxenetas. Se aplica esporádicamente la ley que prevé una pena de hasta cuatro años de prisión después de tres apercibimientos.

Esta represión no impide que las prostitutas sigan practicando su oficio **en las barbas** de los policías de la Revolución. En respuesta a una serie de reportajes publicados en la prensa española, el semanario *Granma Internacional* afirma que «el gobierno cubano nunca ha sacado beneficios financieros de este triste fenómeno social, que nunca ha constituido una política para paliar las dificultades económicas por las que atraviesa el país». Aun reconociendo que la imagen de lindas mulatas ha sido utilizada para promover el turismo en Cuba, la prensa oficial **insiste en** las diferencias entre las prostitutas de los años cincuenta, que eran «pobres guajiras[4] ignorantes», y las jineteras de hoy en día, que **no** venden sus cuerpos **para sobrevivir sino para** tener acceso a bienes de consumo inasequibles para la mayor parte de los cubanos.

Según el sociólogo Aurelio Alfonso, el propio uso de la palabra *jinetera*, que ha sustituido al término despectivo de prostituta, expresa una tolerancia de la familia y la sociedad ante este fenómeno **fomentado** por el gran auge[5] del turismo. Los ojeadores de las piezas de caza en el Malecón son los hermanos mayores, mientras que los padres de familia **hacen como si ignorasen**[6] de dónde viene el dinero que les ha permitido comprarse un televisor en color, y esperan **en secreto** que su hija acabe casándose con un extranjero.

¡ Cuidado !

1 Mil novecientos noventa.
2 Semanario es sustantivo. No confundir con el adjetivo *semanal*.
3 Siete mil.
4 Var.: campesinas (véase nota 8, pág. 75).
5 Var.: «boom» (anglicismo corriente no incluido en el DRAE).
6 Var.: fingen ignorar.

11

LES GROSSES BÊTES

SUJET

Bruno Frappat, *Le Monde*, 25/10/93 [3342 signes, 550 mots]

Il faut aussi penser les dinosaures. On n'est même pas obligé, pour ce faire, d'aller voir le film de Spielberg. Un battage obsédant tendrait à nous présenter comme obligatoire cette vision, faute de quoi le négligent passerait à côté de son époque et de la leur. **Grossière erreur** : il y a depuis mercredi des dizaines de millions de Français qui n'ont pas vu le film et l'on ne sache pas que cela ait provoqué dans le pays une implosion culturelle, ni de pathétiques **états de manque**.

Pourtant, aucun doute, s'ils ne sont pas dans tous les yeux, ils sont dans toutes les têtes. Là est **le coup de génie** de Spielberg. Les dinosaures n'existent plus, et depuis belle lurette. Ils ne reviendront pas, sauf **fantasmés** ou **fabriqués**. Ils ont perdu **naguère** une rude bataille et ne sont pas près d'en livrer une nouvelle. Ils n'existent pas, mais il sont d'une présence palpable, planétaire. Ils sont contemporains.

Ce sont carcasses à frousses pour époque anxieuse. Le dinosaure, pour les humains qui n'ont jamais eu à en **rencontrer**, ce sont d'abord des débris dans les déserts ou dans les basses couches des sédiments compactés par les millions d'années que nous ne vécûmes pas, ni même **nos aïeux**. On a vu sur ARTE — qui s'y mit, comme tout le monde : comment **échapper à** pareils animaux ? — comment procèdent les chercheurs de dinosaures. Cela s'apparente un peu à **la cueillette des champignons**. Il y a les bons coins, le bon humus, la bonne couche. Jusqu'aux couteaux pointus dégageant les vertèbres, comme on extrait délicatement le bolet ou les trompettes de la mort.

Les paléontologues sont **des amateurs de** puzzles en trois dimensions. **A l'aide de** pinceaux, souples comme des blaireaux, ces grands enfants vous dégagent la poussière blanche, ou rouge, ou jaunâtre, qui colle aux débris de géants dont ils font ensuite une immense construction. Le reste est travail d'imagination. Il faut mettre par la pensée — ou par le dessin, ou maintenant par l'image de synthèse — de la peau sur ces os. Et c'est, bien sûr, le plus troublant, le plus instructif. Pour l'imaginaire, les os seuls ne valent rien : c'est **l'enveloppe** reconstituée qui anime l'animal, lui donne une face terrifiante, des écailles à faire suer d'angoisse.

Il est étonnant que l'espèce humaine, qui a toujours su broder mille versions de la création, ne se soit aperçue que si tardivement — il y a à peine deux siècles — que son monde, bien avant elle, avait été occupé — et pour plus longtemps — par ces **machineries** à forte stature. La réalité des temps enfouis était, somme toute, plus extraordinaire que celles qu'inventèrent toutes les mythologies. **Il fut un temps où** la Terre était peuplée de ces prédécesseurs inattendus.

Ce qui intrigue, **obsède et inquiète**, c'est de connaître la raison de l'effondrement de cette **superpuissance**. A leur manière ces grosses bêtes régnaient sur la planète, dominant tout, écrasant tout. Et puis soudain, plus rien : leur civilisation s'effondre, ils tombent comme des mouches. **La voilà la leçon** des dinosaures : leur long mais triste destin collectif signale à leurs lointains successeurs à deux pattes que le provisoire est la marque commune des empires comme des individus. Rien ne reste, après des millions d'années d'orgueil hautain, d'une domination qui ne pouvait guère, sur le moment, susciter de concurrence.

LAS BESTIAS DESCOMUNALES

Es menester concebir también los dinosauros. Y para ello, ni siquiera tiene uno la obligación de ir a ver la película de Spielberg. Una intensa publicidad obsesiva parece que tiende a presentarnos esta visión como si fuese obligatoria, y a decirnos que los negligentes que prescindan de ella no comprenderán ni su época ni la de dichos animales. **Error garrafal**: desde el pasado miércoles hay decenas de millones de franceses que no han visto la película y, que se sepa, esto no ha provocado ninguna implosión cultural ni patéticos **síndromes de abstinencia** en el país.

Y sin embargo, aunque no estén en todos los ojos, no cabe duda de que sí están en todas las mentes. En eso estriba **la genialidad** de Spielberg. Los dinosauros no existen desde hace un montón de tiempo; y no volverán, salvo como entes **quiméricos** o **fabricados**. Ya perdieron **antaño** una terrible batalla y ahora no están como para librar otra más. No existen, pero su presencia es palpable y planetaria. Son contemporáneos.

Son osamentas pavorosas para una época angustiada. Para los humanos que nunca han tenido que **toparse** con ellos, los dinosauros son ante todo restos diseminados en los desiertos o en las capas inferiores de sedimentos compactados por los millones de años que no hemos vivido ni nosotros ni **nuestros antepasados**. Hemos visto como actúan los buscadores de dinosauros en la cadena de televisión ARTE que se ha dedicado al tema como todo el mundo —¿cómo **librarse de** semejantes animales? Su búsqueda se parece un poco a la **recolección de setas**. Tenemos los buenos rincones, el buen humus, y la buena capa, e incluso los cuchillos puntiagudos que dejan al descubierto las vértebras, como cuando se extraen el boleto[1] o los cuernos de abundancia.

Los paleontólogos son **aficionados a** los puzzles[2] de tres dimensiones. **Valiéndose de** pinceles flexibles como brochas de afeitar, estos niños grandes apartan el polvo blanco, rojo o amarillento, adherido a los restos gigantescos con los que luego efectúan una inmensa construcción. El resto es fruto de la imaginación. Hay que ponerle una piel a esos huesos con la imaginación o el dibujo, y en nuestros días con la imagen de síntesis. Desde luego que esto es lo más inquietante **e** instructivo. Los huesos de por sí solos no valen nada para fantasear. Es **la envoltura** reconstituida la que anima a la bestia, dándole una cabeza terrible y escamas que hacen sudar de angustia.

Resulta sorprendente que la especie humana, que siempre supo imaginar mil versiones de la creación, se haya percatado tan tardíamente —hace apenas dos siglos— de que estos grandes **artilugios**[3] habían ocupado su mundo mucho antes y por mucho más tiempo que ella. A fin de cuentas[4], la realidad de los tiempos sepultados era más extraordinaria que la inventada por las mitologías. **Hubo un tiempo en que** la tierra estuvo poblada por estos inesperados predecesores.

Lo intrigante, **obsesionante e inquietante**, es conocer el motivo del derrumbamiento de esta **superpotencia**. Estas bestias descomunales reinaban a su modo sobre el planeta, dominándolo y aplastándolo todo. Y luego, de repente, nada de nada: su civilización se derrumbó y cayeron como moscas[5]. **He aquí la lección** de los dinosaurios: su prolongado pero triste destino colectivo muestra a sus lejanos sucesores bípedos que la fugacidad[6] es el signo común de imperios **e** individuos. Después de millones de años de orgullo altivo, nada queda de una dominación que en aquel momento no podía suscitar rivalidad alguna.

¡ Cuidado !

1 Seta comestible del género *boletus*. No incluido en el DRAE, pero mencionado en el *Diccionario de gastronomía* de C. Delgado (Alianza editorial, 1985).
2 Var.: rompecabezas.
3 Var.: artefactos.
4 Var.: en resumidas cuentas, al fin y al cabo.
5 Var.: cayeron como chinches.
6 Var.: lo fugaz, lo efímero, lo transitorio.

12

CHÈRE JEANNE

SUJET

Bruno Frappat, *Le Monde*, 28/2/94 [3931 signes, 633 mots]

Imagine-t-on la France sans **Jeanne d'Arc** ? Y a-t-il un seul Français, plus de cinq cent cinquante ans après la mort de la brûlée vive de Rouen, qui ne se sente pas descendant de la Pucelle ? Enfants des écoles ou vieillards des maisons de retraite, chrétiens ardents ou agnostiques sereins, néo-fachos ou anciens bolchos, glorieux ou anonymes, puissants ou opprimés, urbanisés stressés ou ruraux pacifiques : au cœur de chacun tremblotte le souvenir exalté de ce mystère humain.

Jacques Rivette, à son tour, est tombé en extase et nous entraîne, dans son dernier film, après Dreyer, après Bresson, sur les routes de France, **dans le cliquetis d'une quincaillerie d'armes**, sous de hautes murailles, dans de belles forêts, au bon feu de bûches des modestes chaumines comme dans les salles des châteaux qui ne sont plus, **sur les traces** d'un périple antique et moderne. **Sur les pas** de Jeanne dont la voix semble pour l'éternité — à vue humaine — donner un conseil au pays qui la vit naître et qui la fit mourir : rien n'est jamais perdu, même à titre posthume.

Ce conseil, chacun l'entend et l'a toujours entendu à sa façon. Car c'est l'un des miracles de Jeanne d'Arc d'avoir été et de rester l'alliée céleste et pure des desseins, des convictions de tous, et des revanches à tempérament. Elle est secourable à toute pensée. **Elle ne mégote pas** ses alliances. Chaque faction de ce pays divisé se l'annexe à son tour. On fait la queue au guichet bienveillant de cette sainteté.

Les royalistes voyaient en elle la restauratrice de la vraie **royauté**, la légitimiste impitoyable et d'essence divine. Les révolutionnaires la célébraient lors des guerres étrangères, quand l'Europe des despotes menaçait le triomphe du tiers-état et du peuple sans-culotte mais habillé de rhétorique. L'Église, dont des sbires stipendiés et traîtres avaient contribué, à l'époque, à l'expulser de ce bas monde, reconnut son erreur et transforma cette honte en triomphe catholique. Le XVe siècle l'avait répudiée, le XXe la sanctifia. Lente sagesse du remords...

Pétain l'utilisa, comme princesse de l'ordre, de la ruralité favorable à la sagesse des sociétés immuables. France pure des villages montant à l'assaut des villes infestées par la peste de **puissances** illégitimes et pécheresses. Elle fut, pour l'extrême droite — et le reste — symbole des vertus **inébranlables**, de la **fixité** sociale et culturelle, de la discipline sans écart. Devant la plus dorée de ses statues, à Paris, cette France-là, chaque année, s'approprie sainte Jeanne au pas cadencé, parmi les hymnes que chante une saine jeunesse entraînée par les surplis voletants des abbés intégristes.

QUERIDA JUANA

¿Cabe imaginar a Francia sin **Juana de Arco**? ¿Acaso hay un solo francés que no se sienta descendiente de la Doncella, más de quinientos cincuenta años después de que muriera quemada viva en Ruán? Escolares o ancianos de residencias para jubilados, cristianos fervientes o agnósticos serenos, neofachas o ex bolcheviques, famosos o anónimos, poderosos **u** oprimidos, gente de la ciudad con fatiga nerviosa[1] o pacífica gente del campo, en el corazón de todos ellos se estremece el recuerdo exaltado de este misterio humano.

Después de Dreyer y Bresson, le ha llegado ahora el turno del éxtasis[2] a Jacques Rivette, que en su última película nos lleva por los caminos de Francia, **en medio del entrechocar metálico de las armas**, bajo altas murallas y a través de hermosos bosques, hacia el buen fuego de leña de modestos chamizos y a los aposentos de castillos que ya no existen, **tras las huellas** de un periplo antiguo y moderno a la vez. **Tras los pasos** de Juana, cuya voz por los siglos de los siglos —desde el punto de vista humano— parece aconsejar al país que la vio nacer y la hizo perecer: nada está perdido, ni siquiera a título póstumo.

Este consejo todos lo oímos, y siempre lo hemos oído a nuestra manera[3]. Porque uno de los milagros de Juana de Arco ha consistido en haber sido y seguir siendo la aliada celeste y pura de los designios y convicciones de todos, así como de las revanchas escalonadas en el tiempo. Toda corriente de pensamiento halla socorro en ella. Juana **no regatea**[4] sus alianzas. Cada facción de este país dividido se la apropia alternativamente. Hay cola ante la ventanilla benevolente de esta santa.

Los realistas[5] veían en ella a la restauradora de la auténtica **realeza**, a la legitimista implacable de esencia divina. Los revolucionarios la celebraban durante las guerras contra el extranjero, cuando la Europa de los déspotas hacía peligrar el triunfo del tercer estado[6] y del pueblo, descamisado pero arropado de retórica. La Iglesia, cuyos esbirros estipendiados y traidores contribuyeron en su época a expulsarla de este bajo mundo, reconoció luego su error y transformó aquel hecho vergonzoso en triunfo del catolicismo. El siglo XV[7] la había repudiado y el siglo XX la ha santificado. Lenta sabiduría la del remordimiento...

Pétain la utilizó como princesa del orden y de un espíritu rural propicio a la sabiduría de las sociedades inmutables, como si fuera la Francia pura de las aldeas[8] que va al asalto de las ciudades infestadas por la peste de las **potencias** ilegítimas y pecadoras. Para la extrema derecha —y la menos extrema— fue símbolo de las virtudes **inquebrantables**, de la **inamovilidad** social y cultural, y de la disciplina absolutamente recta. Ante la más dorada de las estatuas parisinas de Santa Juana, la Francia de esta tendencia se la apropia cada año a paso militar, en medio de himnos entonados por una vigorosa juventud conducida[9] por el revoloteo de los sobrepellices de abates integristas.

¡Cuidado!

1 Se usa asimismo corrientemente el anglicismo *estrés*, si bien no lo admite el DRAE.
2 Obsérvese que es palabra masculina en español.
3 Var.: cada cual a nuestro modo.
4 Var.: escatima.
5 Partidario del realismo, es decir del absolutismo monárquico (recuérdese el título de la novela de B. Pérez Galdós, *Un voluntario realista*).
6 Se emplea para designar al estado llano en la Francia del Antiguo Régimen.
7 Siglo quince. A continuación: siglo veinte.
8 Obsérvese el uso frecuente en este texto del artículo delante de *Francia* (nombre que no lo admite normalmente), al referirse a características determinadas del país. Otros ejemplos: *la España musulmana, el Chile de hoy, la Italia meridional.*
9 Var.: guiada.

12

Cette Jeanne représente le mythe incarné de la France éternelle, celle des clochers, des châteaux et des cours. La France des moissons, la France des capitaines. Un pays d'épées, de piété, de certitudes.

A l'époque même où **la collaboration se drapait dans** son étendard, des maquisards qui n'avaient foi qu'en la libération humaine s'en réclamaient et les gaullistes **guignaient** légitimement son héritage. Elle était la première des résistantes. Elle avait redonné un sens à une France abaissée. Elle avait relevé, avec la ténacité d'une fleur poussant sur le fumier, les défis de la canaille étrangère et refusé l'humiliation. Jusqu'au martyre. Des résistants s'inspirèrent de ce modèle, de bout en bout, sans oublier la mort injuste.

Soyons lucides : la question des «voix» a toujours fait sourire. Même les adorateurs de Jeanne s'interrogent sur la nature de l'échauffement psychique qui la conduisit à se croire distinguée, parmi des millions d'autres possibilités, pour être l'interprète **sur terre** des desseins du **Très-Haut**, via des saints disparus et jouant le rôle de médiateurs. Nul psy ne croisa malheureusement sa route, et bien présomptueux serait celui qui, plus d'un demi-millénaire après, **se hasarderait** à une psychanalyse sauvage de la jeune fille de Domrémy.

Esta Juana encarna el mito de la Francia eterna de los campanarios, castillos y corrales, de la Francia de las mieses y los capitanes, de un país de espadas, piedad y convicciones.

Por la misma época en que **los colaboradores se escudaban en** su estandarte, la reivindicaban también los maquis que sólo tenían fe en la liberación del hombre, y los gaullistas[10] **codiciaban** legítimamente su herencia. Era la primera resistente, la que había devuelto su razón de ser a una Francia sometida, aceptando los retos de la chusma extranjera con la tenacidad de una flor que crece en medio del estiércol, y rechazando la humillación hasta el martirio. Algunos resistentes se inspiraron en este modelo desde el principio hasta el fin, inclusive en la muerte injusta.

Seamos lúcidos: lo de las «voces» siempre ha provocado ironías[11]. Hasta los mismos adoradores de Juana se preguntan de qué índole fue ese ardor psíquico que la llevó a creerse elegida —entre millones de posibilidades— para ser la intérprete **en la tierra** de los designios del **Altísimo**, a través de santos desaparecidos que cumplían el papel[12] de mediadores. Por desgracia[13], ningún psicoanalista se cruzó con ella por el camino, y muy presuntuoso sería quien **se aventurase**[14] a hacer un psiconanálisis al margen de los cánones a la doncella de Domrémy, ahora que han pasado más de quinientos años.

¡ Cuidado !

10 Pronúnciese: golista.
11 Var.: sonrisas.
12 Var.: que servían de.
13 Var.: desafortunadamente.
14 Var.: se atreviese.

13

LA MODE DU FLAMENCO. ALLONS-Y FRANCO

La mode du flamenco **a commencé par** conquérir Madrid. **Des cadres** dynamiques, des cadresses entreprenantes et quelques cadrillons habiles ont transformé les boîtes de nuit en «tablaos» de pacotille. Puis ils ont commencé à danser. Séville **revue et corrigée** par la capitale. La mode a passé les Pyrénées, Poitiers, la voici à Paris. Bernardo Sandoval **fait la première partie** de Jonasz. Le New Morning affiche un «compas flamenco». La Chapelle des Lombards met des volants à ses programmes. Flamenco-rock, tous les jeudis soirs, au Palace. **Les Gipsy Kings font un malheur**, l'expression semble adéquate, partout où ils trimballent leur rumba des Saintes-Maries. On l'appelle flamenco. Ce n'est pas grave. On appelle bien tout le reste «flamenco».

Les Gipsy Kings sont au flamenco ce que Vanessa Paradis est au chant grégorien. Tiens : justement, la niaisote qui s'est illustrée avec *Joe le taxi*, vient de tourner un clip intitulé *Manolo Manolete* dans les arènes de Bayonne. Manolo y rime avec Saint-Malo. Aux abris. Un flamenco singulier résonne dans les restaurants branchés de la rue de Lappe **qui en a vu d'autres**. Le troisième arrondissement donne dans la «movida» à retardement. Les couturiers dessinent la première ligne qui transforme n'importe quelle jolie fille en boudin. Nîmes **se prend pour** Séville. Arles pour Jerez. Et France Gall pour Ella Fitzgerald.

Francis Marmande, *Le Monde*, 8/1/1988 [3149 signes, 520 mots]

Cette mode est sympathique. Elle correspond dans la version naïve (ou perverse) à une certaine idée, assez désolante, de l'Espagne. Elle correspond aussi à son dynamisme actuel. Quand ils débarquent à Séville aujourd'hui, les touristes **prennent l'air entendu**. Avec le sourcil de celui à qui on ne la fait pas, ils demandent du «flamenco puro», pur (prononcer pureau). Après quoi, ils veulent voir des taureaux dans le campo (idem). Bref, ils entendent retrouver Nîmes à Séville. Les portiers d'hôtel se chargent de leur donner satisfaction.

On ne va pas contre une mode. D'abord, ça fait grincheux. Ensuite, **cela ne sert à rien**. Enfin, il est devenu vain de l'analyser. Tout le monde joue, et c'est bien ainsi. Nul besoin de rappeler ce qu'est le cante jondo. Puisqu'on ne saurait l'acheter. Enfin : pas de la façon moderne. Que le cante et le baile (la danse) restent où ils sont. Les Gipsy Kings profitent de l'engouement des ballots. Qui leur en ferait décemment reproche ? D'autant plus qu'ils ont l'air assez doués pour s'en amuser.

Sur M6, l'autre jour, une table ronde de philosophes **a fait le point** de la situation. Il y avait là deux ou trois **zozos**, un animateur pataud d'émissions de variétés, sollicité en «spécialiste» (en effet, il y avait de quoi : il se trouvait à Madrid, pour le Mundial, en 1982 !), et Angela, l'organisatrice des jeudis du Palace. C'est elle, qui a finalement vendu la mèche. Elle a minaudé de **sa bouche carminée**, faisant référence à la folklorisation générale de l'Espagne par le franquisme : «Le flamenco, **si on est né en Andalousie**, c'est la vie, ce sont les racines. Mais maintenant, même si on n'est pas andalou, tant pis, grâce à Franco — il faut au moins lui reconnaître cela — c'est la racine aussi...»

LA MODA DEL FLAMENCO: ¡ADELANTE DE MODO FRANCO!

La moda del flamenco **ha empezado por** conquistar Madrid. **Ejecutivos** dinámicos, ejecutivas emprendedoras y unos cuantos ejecutivillos listillos han transformado las discotecas[1] en tablaos de pacotilla y se han puesto a bailar. Algo así como Sevilla **corregida y aumentada** por la capital. La moda, tras franquear los Pirineos, ha dejado atrás Poitiers y ya la tenemos aquí en París. Bernardo Sandoval **está de telonero** en Jonasz. En el New Morning anuncian un «compás flamenco». La Chapelle des Lombards le pone faralaes[2] a sus programas. Todos los jueves por la noche hay rock flamenco en el Palace. **Los Gipsy Kings arrasan**[3] por doquier —y nunca mejor dicho— con su rumba de Saintes Maries de la Mer a cuestas. A eso le llaman flamenco. No tiene importancia[4]. Total, a todo lo demás también se le llama «flamenco».

Los Gipsy Kings tienen tanto que ver con el flamenco como Vanessa Paradis con el canto gregoriano[5]. Toma, precisamente la muy bobalicona[6] acaba de rodar en la plaza de toros de Bayona un videoclip titulado Manolo Manolete, en el que Manolo rima con Saint Malo. ¡Socorro![7] Un flamenco singular resuena en los restaurantes en boga de la parisina calle de Lappe, que **ya está curada de espantos**[8]. En el tercer distrito de París les da por la movida con retraso. Los costureros diseñan por vez primera una línea que transforma a cualquier chica guapa en un callo[9]. Nimes se cree Sevilla, Arles **se toma por** Jerez, y France Gall por Ella Fitzgerald.

Esta moda es simpática y en su versión ingenua o perversa corresponde a cierta idea bastante desoladora de España. Corresponde también a su dinamismo actual. Hoy en día, cuando los turistas llegan a Sevilla **se las dan de enterados**[10], arquean las cejas como diciendo «a mí no me la dan con queso», y exigen «flamenco puro» —pronúnciese «purró». Tras lo cual quieren ver toros en el campo («campó»). Vamos, quieren que Sevilla sea Nimes, y los porteros de los hoteles bien se encargan de contentarlos[11].

No se puede ir contra la moda, porque en primer lugar a uno lo toman por un cascarrabias, y en segundo lugar **no sirve para nada**. Por último, es inútil analizarla. Todos entran en el juego y es mejor así. No necesitamos recordar lo que es el cante jondo, porque ni se compra ni se vende. Bueno, por lo menos no al estilo moderno. Que el cante y el baile se queden en su sitio. Los Gipsy Kings se aprovechan del entusiasmo de los mentecatos[12]. ¿Quién podría echárselo en cara decentemente? Sobre todo con el talento que parecen tener[13] para divertirse.

El otro día, en el canal M6[14] una mesa redonda de filósofos **hizo un balance** de[15] la situación. Había dos o tres **papanatas**, un patán de animador de programas de variedades al que se había invitado en calidad de «especialista» (¡con razón![16], porque había estado en Madrid durante el Mundial '82...), y también Angela, la que organiza los jueves del Palace. Fue a ella a quien por fin se le escapó el secreto[17]. Con su **boquita pintada de carmín** y haciendo carantoñas[18], se refirió a la «folclorización» general de España llevada a cabo por el franquismo. «**Para el que ha nacido en Andalucía**, el flamenco es la vida y la raigambre[19], pero ahora también se ha vuelto la raíz de todos, quieras que no, aunque no seas andaluz; y es preciso reconocer que esto al menos se lo debemos a Franco[20]...»

¡Cuidado!

1 Var. : salas de fiestas nocturnas.
2 Singular: faralá. Var.: volante.
3 Var.: tienen un éxito monstruo.
4 Var.: poco importa.
5 Var.: canto llano.
6 Var.: tontaina.
7 Var.: ¡auxilio!
8 Var.: que está de ida y vuelta, que ha visto otros desaguisados.
9 en el sentido figurado y familiar de «mujer muy fea».
10 Var.: se dan aires de enterados.
11 Var.: satisfacerlos.
12 Var.: memos.
13 Var.: parecen de lo más listos.
14 Pronunciar: eme seis.
15 Var.: recapituló.
16 Var.: no era para menos.
17 Var.: fue ella quien descubrió el pastel.
18 Var.: arrumacos.
19 Var.: las raíces, la savia.
20 Var.: y no hay que restarle este mérito a Franco.

14

LE CHEF DU COMMANDO APPREND À JOUER DE LA GUITARE SELON UN OTAGE LIBÉRÉ

Juan Enrique Pendavis, président de l'Association des exportateurs péruviens (ADEX), est l'un des vingt **otages relâchés**, samedi 28 décembre, par le commando du MRTA qui occupe depuis le 17 décembre les locaux de la résidence de l'ambassadeur du Japon. **Voici** son témoignage.

«Nestor Cerpa [le chef du commando] ne renonce à aucun des objectifs qu'il s'est fixés en prenant d'assaut l'ambassade. Il est tranquille, **sûr de lui**, domine complètement la situation. Samedi, il y a juste eu un moment de flottement lorsque les otages ont décidé d'entamer une grève de la faim si Cerpa refusait de libérer les jeunes **diplomates** du ministère des affaires étrangères. Avant l'arrivée du ministre Domingo Palermo, venu négocier **en début de l'après-midi**, nous savions déjà que nous allions être libérés avec une douzaine de chefs d'entreprise japonais. Je ne sais pas si ces derniers ont versé **une rançon**. **En ce qui me concerne**, et bien que que je sois chef d'entreprise, Nestor Cerpa n'y a même pas fait allusion.

«Dans la résidence, l'atmosphère était décontractée. Nous pouvions circuler librement, faire un peu d'exercice, mais pas trop parce que les douches sont limitées. La nourriture était bonne. Nous avons même eu droit à un buffet japonais. Les guérilleros — plus exactement les délinquants — jouaient aux cartes. Nous avions une guitare arrivée un jour dans un sac de la Croix Rouge. Cerpa apprend à en jouer. On a fait des veillées avec elle. On peut vivre ainsi pendant des années, maintenant qu'il y a de l'eau potable. Tout était **très propre**. Nous enlevions même nos chaussures avant d'entrer dans les chambres. **C'est le système japonais**...

Alain Abellard
et Nicole Bonnet,
Le Monde, 01/97
[3577 signes, 588 mots]

«**En revanche**, dans le jardin de l'ambassade, ce qui reste du buffet garni du mardi 17 décembre est en décomposition. L'odeur est fétide, les pigeons viennent s'y ravitailler ; l'un d'eux a fait **exploser** une mine et un chien en a fait sauter une autre. Le périmètre intérieur du jardin de l'ambassade est miné et des membres du MRTA veillent sur le chien de l'ambassadeur du Japon ; ils le sifflent **dès qu'il s'approche** de cette zone.

«Tous les otages sont aujourd'hui rassemblés au deuxième étage. **Ils sont en bonne santé**, n'ont pas subi de torture physique ou psychologique. Les membres du MRTA sont en bas. **Depuis deux jours**, ils ont pu se reposer. Leur blessé, «El Palestino», va mieux, il marche avec son plâtre ; c'est lui le chef militaire. «El Arabe» est le numéro trois, et Cerpa est le commandant.

« L'évêque Cipriani **a un rôle** actif, mais tout se joue en réalité entre Nestor Cerpa et Domingo Palermo. Le ministre des affaires étrangères, qui est parmi les otages, Francisco Tudela, a renoncé à intervenir.

UN REHÉN LIBERADO DICE QUE EL JEFE DEL COMANDO APRENDE A TOCAR LA GUITARRA

Juan Enrique Pendavis, presidente de la Asociación de Exportadores Peruanos (ADEX), ha sido uno de los veinte **rehenes liberados** el sábado 28 de diciembre por el comando del Movimiento Revolucionario Tupac Amaru, que desde el 17 de diciembre ocupa los locales de la residencia del embajador del Japón. **He aquí** su testimonio:

«Néstor Cerpa [el jefe del comando] no renuncia a ninguno de los objetivos que se asignó al asaltar la embajada. Está tranquilo y **seguro de sí mismo**, y domina la situación por completo. El sábado hubo tan sólo un momento de titubeos, cuando los rehenes decidieron comenzar una huelga de hambre si Cerpa se negaba a liberar a los jóvenes **diplomáticos** del Ministerio de Asuntos Exteriores. Antes de que el ministro Domingo Palermo llegase para negociar **a principios de la tarde**, ya sabíamos que íbamos a ser liberados junto con unos doce empresarios japoneses. Ignoro si éstos han pagado **un rescate**. **Por lo que a mí respecta**[1], Néstor Cerpa no ha hecho ni siquiera alusión a ello, a pesar de mi condición de empresario.

»En la residencia, la atmósfera no era tensa. Podíamos circular libremente y hacer un poco de ejercicio, aunque no demasiado, porque había restricciones con las duchas. La comida era buena e incluso se nos ofreció un bufé japonés. Los guerrilleros —o para ser más exacto, los delincuentes— jugaban a las cartas. Nosotros teníamos una guitarra que nos llegó un día en una bolsa de la Cruz Roja. Cerpa está aprendiendo a tocarla. Hemos pasado algunas veladas con ella. Ahora que hay agua potable se puede vivir en esas condiciones durante años. Todo estaba **limpísimo**. Hasta nos quitábamos los zapatos antes de penetrar en las habitaciones. **A la japonesa**...

»**En cambio**, en el jardín de la embajada se hallan en plena descomposición los restos del bufé de gala del martes diecisiete de diciembre. El olor es fétido y las palomas van allí a buscar comida; una de ellas ha hecho **explotar**[2] una mina y un perro ha provocado la voladura de otra. El perímetro interior del jardín de la embajada está minado y algunos miembros del MRTA[4] vigilan al perro del embajador del Japón; **en cuanto se acerca**[3] a esta zona[5], le silban.

»Todos los rehenes están actualmente agrupados en el segundo piso. **Gozan de buena salud** y no han padecido torturas físicas ni psicológicas. Los miembros del MRTA están en la planta baja y **desde hace dos días** han podido descansar. Su herido, 'el Palestino', va mejor y se desplaza enyesado[6]; el jefe militar es él. 'El Árabe' es el número tres y Cerpa es el comandante.

»El obispo Cipriani **desempeña un papel** activo, pero en realidad la partida se juega entre Néstor Cerpa y Domingo Palermo. El Ministro de Asuntos Exteriores, Francisco Tudela, se encuentra entre los rehenes y ha renunciado a intervenir.

¡ Cuidado !

1 Var.: en mi caso, por lo que a mí se refiere, con respecto a mí, en relación conmigo.
2 Var.: estallar, volar.
3 Atención al uso del modo verbal en la subordinada introducida por «en cuanto» (o por su equivalente «tan pronto como»). En cuanto + indicativo se utiliza para referirse a una acción realizada (**En cuanto ves** al cartero, te alegras). En cuanto + subjuntivo se usa para una acción no realizada (**En cuanto veas** al cartero, avísame).
4 Pronunciar: eme (e)rre te a.
5 Var.: área.
6 Var.: escayolado.

14

Je suis convaincu que les membres du commando ne se rendront jamais et une opération militaire sans risque pour la vie des otages est impossible. La résidence de l'ambassadeur est un véritable bunker. Toutes les fenêtres ont des grilles de sécurité et **les preneurs d'otages** sont armés jusqu'aux dents. Ils ont même des lance-roquettes.

«Cette épreuve m'a profondément changé. **Je suis persuadé** nous devons abandonner notre arrogance parce qu'il n'y a pas d'ennemi négligeable. L'insecte est minuscule mais il peut piquer très fort.

«**Mon constat est qu**'un groupe d'une quinzaine de personnes a réussi à saborder l'image de pays stable que nous avions restaurée après des années d'efforts. Tout est désormais suspendu à l'issue de cette crise. Nous devons chercher la paix sans orgueil. Aucun groupe ne doit être exclu du dialogue.»

Estoy convencido de que los miembros del comando no se rendirán jamás y de que es imposible una operación militar sin que la vida de los rehenes corra riesgo. La residencia del embajador es un auténtico búnker. Todas las ventanas tienen rejas de seguridad y **los secuestradores** están armados hasta los dientes. Tienen hasta bazucas.

»Esta adversidad me ha hecho cambiar profundamente. **Estoy persuadido de que** debemos deponer nuestra arrogancia, porque no hay enemigo despreciable. El insecto es minúsculo, pero puede picar muy fuerte.

»**Lo que compruebo es que** un grupo de unas quince personas ha conseguido hundir la imagen de país estable que habíamos logrado restablecer tras años de esfuerzos. A partir de ahora todo depende del desenlace de esta crisis. Hemos de buscar la paz sin orgullo. No se debe excluir del diálogo a ningún grupo.»

15

PROMENADE À MADRID SUR LES TRACES DE GOYA

D'après
Michel Bôle-Richard,
Le Monde, 6/8/96
[4780 signes, 762 mots]

Plus de 330 000 **visiteurs** se sont rendus au Prado, à Madrid, pour la rétrospective consacrée au grand maître de la peinture espagnole. Les amateurs de Goya peuvent poursuivre, durant tout l'été, leur **découverte** du peintre à travers un itinéraire dans la ville consacré principalement à ses années madrilènes.

Bien que l'exposition Goya se soit achevée le 2 juin au Musée du Prado, le peintre **est toujours présent** dans la capitale espagnole. Il y sera tout l'été. L'exposition fut un succès : 331000 personnes, venues de l'Europe entière, s'y sont rendues depuis son ouverture le 29 mars. Désormais, la totalité des toiles ont retrouvé leur emplacement d'origine dans la célèbre pinacothèque, puisque sur les 171 tableaux exposés, 128 **font partie** de la collection permanente du Prado, où il est toujours possible d'admirer une grande partie de l'œuvre de ce peintre.

Pour compléter la vision du peintre dont l'Espagne fête, cette année, **le 250e anniversaire** de la naissance, Madrid présente plusieurs autres expositions placées sous le thème «Goya à Madrid». Il s'agit d'un itinéraire à travers le cœur de la cité qui permet de découvrir les charmes de la ville et d'enrichir sa connaissance des différentes facettes artistiques de ce peintre.

La première halte obligée passe par l'Académie des Beaux-Arts de San Fernando, dans la célèbre rue Alcala, qui a regroupé des **gravures**, mais surtout quelques-unes des premières **toiles** du peintre, dont un remarquable autoportrait qui est l'unique représentation de l'auteur en train de peindre, debout **dans un contre-jour**. Goya, grand travailleur, porte d'ailleurs le chapeau «chandelier» sur lequel il fixait des bougies pour travailler la nuit tombée. Dans l'une des salles, plusieurs portraits de ceux qui furent **ses amis**, comme l'architecte Juan de Villanueva (auteur du Prado) et Leandro Fernandez de Moratin, mais surtout l'admirable Tirana, une actrice de théâtre qui apparaît sereine et sérieuse sur un fond neutre dépourvu d'objets ou de meubles, Goya rompant ainsi avec une tradition picturale.

Grand **amateur de théâtre et de taureaux**, celui qui était devenu officiellement le peintre de la cour royale a également redonné un nouvel éclat à l'art de la tapisserie ainsi qu'en témoignent les vingt-cinq exemplaires exposés au palais royal ainsi que les sept cartons provenant de la fabrique royale fondée par Philippe V en 1720.

¡ Cuidado !

1 Trescientos treinta mil.
2 Trescientas treinta y **un** mil personas. (Cuidado: para estar en femenino, el cardinal *uno* no debe estar separado del sustantivo femenino por otro cardinal, como sucede aquí. Ejemplos: treinta y **una** alumnas, pero treinta y **un** mil toneladas).
3 Var.: procedentes, provenientes.
4 Ciento veintiocho de los ciento setenta y un (cuadros).
5 Doscientos cincuenta.

PASEO POR MADRID TRAS LAS HUELLAS DE GOYA

Más de 330 000[1] **visitantes** han acudido a la exposición retrospectiva que el Museo del Prado de Madrid ha consagrado al gran maestro de la pintura española. Durante todo el verano, los amantes de Goya pueden proseguir su **descubrimiento** del pintor siguiendo por la ciudad un itinerario de exposiciones dedicadas principalmente a su época madrileña.

Aunque la exposición de Goya en el Museo del Prado ha acabado el dos de junio, el pintor **sigue estando presente** en la capital española, y lo va a estar durante todo el verano. La exposición ha sido un éxito, ya que 331 000[2] personas llegadas[3] de toda Europa han ido a visitarla desde que se inauguró el 29 de marzo. El conjunto de los lienzos ya ha vuelto a su emplazamiento original en la célebre pinacoteca, porque 128 de los 171[4] cuadros expuestos **forman parte** de la colección permanente del Prado, en donde siempre se puede admirar una gran parte de la obra del pintor.

España celebra este año **el 250[5] aniversario** del nacimiento del pintor, y para completar la panorámica de su obra, la capital presenta varias exposiciones complementarias agrupadas bajo el tema «Goya en Madrid». Forman un itinerario por el centro de la ciudad, que permite descubrir los encantos de ésta y enriquecer nuestros conocimientos sobre las distintas facetas artísticas del pintor.

El primer alto de rigor hay que hacerlo en la Academia de Bellas Artes de San Fernando, situada en la famosa calle de Alcalá, donde se halla el conjunto de los **grabados** del pintor y sobre todo algunos de sus primeros **lienzos**, entre los que destaca un extraordinario autorretrato, única representación del maestro pintando de pie **a contraluz**. Goya, que era un trabajador infatigable, lleva en ese cuadro el sombrero «candelabro» donde ponía velas para poder trabajar cuando se hacía de noche. En una de las salas, hay varios retratos de **amigos suyos** como el arquitecto Juan de Villanueva (autor del Prado) y Leandro Fernández Moratín; pero sobre todo está la admirable Tirana, una actriz de teatro en actitud serena y grave sobre un fondo neutro[6], que Goya pintó desprovisto de objetos o muebles rompiendo así con una tradición pictórica.

También dió un nuevo lustre al arte de la tapicería este gran **aficionado al teatro y los toros**, que llegó a ser pintor oficial de la Corte. Así lo atestiguan[7] los veinticinco ejemplares de tapices[8] expuestos en el Palacio Real y los siete cartones procedentes de la Real Fábrica fundada por Felipe V en 1720[9].

6 Atención: se dice un color *neutro*, pero se habla de países o de personas *neutrales*.
7 Var.: prueba fehaciente de esto son, buena prueba de ello son.
8 No confundir los *tapices*, que se colocan en las paredes, con las *alfombras*, que se ponen por el suelo.
9 Felipe Quinto* en mil setecientos veinte.
*Se usan los ordinales hasta 10. Por ejemplo: Alfonso Décimo el Sabio. Veáse la nota 2, página 106.

15

L'état exceptionnel de ces tapisseries, leur luminosité, leurs couleurs, la qualité de l'expression des personnages méritent le déplacement. La reconstitution de la chambre à coucher des princes avec des scènes récréatives et des jeux d'enfants, est une merveille.

La perfection s'inscrit dans la finesse des détails d'un tableau de chasse avec **les nuances** du pelage **des lièvres** et les reflets du plumage des oiseaux. Dehors, la place d'Oriente **est en chantier** mais, de l'autre côté du palais, le regard se perd sur **les cimes** ondulantes **des arbres** du Campo del Moro, le jardin qui descend vers les rives du Manzanares.

La promenade continue sur un autre registre. Dans *Les Désastres de la guerre* (une série d'**eaux-fortes présentées** au Musée municipal), Goya dénonce les crimes commis par les troupes **napoléoniennes** lors de l'invasion de l'Espagne en 1808, avec un grand souci du détail. Le mérite de cette exposition est d'avoir replacé ces gravures dans un contexte historique avec l'apport d'autres dessins ou caricatures de l'époque provenant tant de l'occupant que de l'occupé. On peut voir les exemples de la propagande napoléonienne et les satires féroces de l'empereur par des artistes espagnols qui dénoncent celui qui affirmait «**travailler pour** la régénération de l'Espagne».

Au Musée Lazaro-Galdiano dans la très madrilène calle Serrano, parmi la multitude de trésors rassemblés dans cette villa, quatorze toiles (l'authenticité de certaines est **contestée**) du grand maître, né en 1746 à Fuendetodos, près de Saragosse, méritent le détour.

Le parcours doit obligatoirement s'achever par la petite église de San Antonio de la Florida, qui abrite **les restes** du peintre, **transférés** de Bordeaux où il est mort en 1828. Classé monument national en 1905, cet édifice abrite sous sa coupole **une fresque** chatoyante et théâtrale, *Le Miracle de saint Antoine*, que Goya réalisa, **à la demande de** Charles IV, en 1797-1798.

Expressive et colorée, cette scène est rehaussée d'une multitude d'angelots dont la plupart ont... des traits féminins. Une réplique pratiquement exacte de l'église a été construite à proximité afin de préserver le calme et la solennité de cet endroit. En hommage à Goya, un peintre anonyme a déposé l'un de ses **pinceaux** sur la dalle de pierre du tombeau de l'artiste.

El estado excepcional de estos tapices, su luminosidad, sus colores y la calidad de la expresión de los personajes, valen la pena de que uno se desplace. Es una maravilla la reconstitución de la alcoba de los príncipes con sus escenas de diversiones y juegos infantiles.

La perfección está inscrita en la finura de los detalles de una representación de piezas de caza con **los matices** del pelaje **de las liebres** y los reflejos del plumaje de las aves. Afuera, la plaza de Oriente **está en obras**, pero al otro lado del palacio la mirada se pierde sobre **las copas** ondulantes **de los árboles** del Campo del Moro, el parque que desciende hasta las orillas del Manzanares.

El paseo toma luego otro cariz. En *Los Desastres de la Guerra* (una serie de **aguafuertes expuestos** en el Museo Municipal), con una enorme preocupación por el detalle Goya denuncia los crímenes perpetrados por las tropas **napoleónicas** durante la invasión de España en 1808[10]. El mérito de esta exposición estriba en que estos grabados se muestran en el contexto histórico de aquel entonces, merced al aporte de dibujos o caricaturas de la época procedentes tanto del país invadido como del invasor. Pueden verse muestras de la propaganda napoleónica y sátiras feroces del emperador hechas por artistas españoles, que denuncian al que afirmaba «**obrar en pro de** la regeneración de España».

Entre la multitud de tesoros reunidos en la mansión del Museo Lázaro Galdiano, sito en la madrileñísima calle Serrano, merecen una visita catorce lienzos del gran maestro nacido en 1746[11] en Fuendetodos, cerca de Zaragoza, si bien la autenticidad de algunos de ellos **está en entredicho**.

El recorrido ha de acabar forzosamente en la pequeña iglesia de San Antonio de la Florida, que acoge **los restos mortales** del pintor **trasladados** aquí desde Burdeos donde murió en 1828[12]. Este edificio fue declarado monumento nacional en 1905 y en su cúpula está pintado *El Milagro de San Antonio*, **un fresco** teatral y de colorido tornasolado que Goya ejecutó **por encargo de** Carlos IV entre 1797 y 1798[13].

La escena es expresiva y brillante, y la realza una multitud de angelotes con rasgos femeninos en su mayoría. Al lado se ha construido una réplica prácticamente exacta de la iglesia, a fin de preservar la tranquilidad y solemnidad del lugar. En homenaje a Goya, un pintor anónimo ha depositado uno de sus **pinceles** en la losa de piedra de la tumba del artista.

¡ Cuidado !

10 Mil ochocientos ocho.

11 Mil setecientos cuarenta y seis.

12 Mil ochocientos veintiocho. A continuación: mil novecientos cinco.

13 Carlos Cuarto; mil setecientos noventa y siete; mil setecientos noventa y ocho.

16 OMBRES

SUJET

Daniel Schneidermann,
Le Monde, 12/6/95
[2981 signes, 469 mots]

Finalement, **il a choisi le parc**. Des indiscrétions l'avaient révélé ; on découvre soudain le cliché **en couverture** de *Paris-Match*, ainsi **promu** Journal officiel photographique de la République. **Joli scoop** ! Avec cette photo hors les murs du président Chirac, il faudra donc vivre sept ans. Les nouveaux pères venus déclarer leur enfant à l'état civil, les **contribuables**, les justiciables et les assujettis, les concitoyens, les **ressortissants** et les expatriés, les témoins et les **prévenus**, les visiteurs et les personnels, tous ceux qui seront amenés sept ans durant à fréquenter les édifices publics, autant dire la France entière, auront droit à cet instant de garden-party solitaire, dans le parc ensoleillé de l'Élysée.

Car, sur la tendre pelouse, des taches d'ombre trahissent le soleil. Le costume est anthracite, mais le ciel semble sourire au nouvel élu. Quelle **trouvaille**, ce **bol d'oxygène** dans le parc ! Voyez comme avant moi la République était confinée, semble-t-il nous confier, savourant intérieurement **le bon tour qu'il joue aux prédécesseurs**. De Gaulle, Pompidou, Giscard, Mitterrand : quelle galerie de bûcheurs solennels (on pouvait la voir dans *Le Monde* du 10 juin) ! On croit entendre l'écho des objurgations parentales aux enfants, au premier rayon de soleil dominical : «Tu ne vas pas rester enfermé, tout de même ! Arrête de lire, **tu vas t'esquinter les yeux** !» Joli pied de nez aux «Guignols» de Canal Plus et à leur Chirac **en grand habit**. Comme cela paraît loin, déjà !

Le palais est présent aussi, barrant la photo et terminant la pelouse. Derrière les hautes fenêtres floues que l'on aperçoit dans le fond **s'escriment** sans doute les technocrates et les «sherpas». Sitôt terminée la récréation photographique, le nouvel élu les rejoindra. Ses dossiers l'attendent. La Bosnie, ses hontes et ses humiliations, **les essais nucléaires**, l'amnistie, la lutte contre le chômage et l'exclusion: de tout cela, le président ne s'est extrait qu'un bref instant, le temps d'une escapade, «trois quarts d'heure», raconte la photographe à *Paris-Match*. Mais ces trois quarts d'heure suffisent à la démonstration. Le chef, lui, sait prendre le temps de **s'extraire de ses paperasses** pour aérer les premiers neurones de l'État. Bien joué !

Après la séance de pose, vient le temps de choisir le cliché définitif. *Paris-Match*, second scoop, a assisté à cet autre instant historique. Claude Chirac et la photographe Bettina Rheims sont penchées au dessus des épaules présidentielles, chacune s'en étant approprié une. On ne distingue pas, c'est dommage, **les photos recalées**. Sans doute, sur celle-ci, avait-il l'**air trop primesautier**. Peut-être avait-il plaisanté la photographe. Sans doute, sur celle-là, semblait-il un poil trop inquiet. Ni trop chaleureux, ni trop lointain, ni trop complice, ni trop inaccessible, le visage présidentiel doit être impénétrable. Pour cette raison, la photo choisie parmi quelques dizaines ne pouvait pas être une autre.

¡ Cuidado !

1 *Flamante* significa nuevo en una actividad o clase, recién entrado en ella (se habla de *novio flamante*). Puede usarse también el verbo *estrenarse*, es decir «empezar a desempeñar un empleo, oficio, encargo, etc. o darse a conocer por vez primera en el ejercicio de un arte, facultad o profesión» (DRAE), y entonces diríamos: *los padres recién estrenados*.

2 Var.: acusado. Atención: en español *detenido* significa privado provisionalmente de su libertad por una autoridad competente. No equivale pues estrictamente a *preso* o *condenado*.

3 Var.: es decir toda Francia; como si dijéramos toda

SOMBRAS

Por fin, **optó por el parque**. Algunas indiscrecciones lo habían revelado y de repente hemos descubierto la foto **en la portada** de *Paris Match*, que de esta manera se ve **ascendido** a Boletín Oficial Fotográfico de la República. ¡**Bonita exclusiva**! Así pues, vamos a tener que vivir siete años con esta foto al aire libre del presidente Chirac. Los padres flamantes[1] que vienen a declarar a sus hijos al registro civil, los **contribuyentes**, las personas sujetas a la justicia y la administración, los conciudadanos, los **nacionales** y los expatriados, los testigos y los **detenidos**[2], los visitantes y el personal, todos aquellos que se vean obligados a frecuentar edificios oficiales en los próximos siete años —o sea, toda Francia como aquel que dice[3]— tendrán derecho a disfrutar ese instante de recepción al aire libre en el parque soleado del Elíseo.

En efecto, en el blando césped, algunas manchas oscuras revelan la presencia del sol. El traje es de color antracita, pero el cielo da la impresión de sonreír al nuevo elegido[4]. ¡Menudo **hallazgo** el de esta **bocanada de oxígeno** en el parque! Mientras saborea en su fuero interno **la pasada que les está jugando a sus predecesores**, parece decirnos confidencialmente: fíjense cómo estaba confinada la República antes de mi llegada. ¡Qué galería de retratos de solemnes empollones la formada por De Gaulle, Pompidou, Giscard y Mitterrand! (podía verse en *Le Monde* del 10 de junio). Creemos estar oyendo el eco de los reproches que los padres hacen a sus hijos al primer rayo de sol dominguero: «¡No te pensarás quedar todo el día encerrado! ¡Deja de leer, **te vas a hacer polvo los ojos**!» ¡Vaya palmo de narices[5] a los *Guignols* de Canal Plus y a su Chirac **en traje de gala**! ¡Cuán lejos parece ya todo esto!

También está presente el palacio cerrando el fondo de la foto y rematando el césped. Detrás de los altos ventanales borrosos que se ven en último plano, tecnócratas y *sherpas* **se afanan** probablemente. El recién elegido se unirá a ellos tan pronto como acabe el recreo fotográfico. Sus asuntos[6] le esperan: Bosnia y sus aspectos vergonzosos y humillantes, las **pruebas nucleares**, la amnistía, la lucha contra el paro y la exclusión. El presidente se ha sustraído a todo esto por un breve instante tan sólo, por el tiempo que dura una escapada: «tres cuartos de hora», según cuenta la fotógrafa de *Paris Match*. Pero estos tres cuartos de hora bastan para demostrar que el jefe sabe dedicar tiempo a **sustraerse a sus papelorios** para que las primeras neuronas del Estado se oxigenen. ¡Buena jugada!

Tras la sesión dedicada a posar, llegó el momento de escoger la foto definitiva. Una segunda exclusiva de *Paris Match*, que también estuvo presente en este otro momento histórico. Claude Chirac y la fotógrafa Bettina Rheims aparecen inclinadas tras ambos hombros presidenciales, como si éstos les perteneciesen[7]. Es una lástima que no se distingan **las fotos descartadas**. Probablemente en aquella tenía una **pinta demasiado campechana** —quizás había bromeado con la fotógrafa. Tal vez en aquella otra parecía tener una pizca[8] de inquietud. El rostro presidencial no ha de ser vehemente en exceso, ni tampoco mostrarse demasiado distante, cómplice o inabordable. Por este motivo, sólo podía ser esta foto la escogida entre decenas de otras.

Francia.
4 Var.: al nuevo presidente electo.
5 Recuérdese la expresión familiar *dejar a alguien con un palmo de narices*, es decir *chasqueado*.
6 No se refiere aquí a una *carpeta* (el objeto), ni a un *expediente* (administrativo, académico, etc.), ni tampoco a un *legajo* (en archivos). Tiene el sentido de *cuestiones pendientes*.
7 Var.: como si cada una se hubiera apropiado de uno.
8 Var.: un pelín.

17

GUERRE D'ESPAGNE, AUTOPSIE D'UNE TRAHISON

D'après Jacques Siclier, *Le Monde*, automne 1996 [6339 signes, 1036 mots]

Land and Freedom. En reconstituant un épisode tragique de la guerre civile espagnole — le massacre et l'étouffement du POUM (Parti ouvrier d'unification marxiste) par les troupes républicaines **aux ordres de** Moscou — Ken Loach réalise **un film** histoire en même temps qu'un film mémoire à l'usage des jeunes générations.

A Liverpool, en 1994, un vieil homme, David Carr, **meurt d'une crise cardiaque** dans l'ambulance qui le transporte à l'hôpital. Seule sa petite-fille peut s'occuper des obsèques. En rangeant des papiers dans l'appartement de son grand-père, elle découvre un foulard rouge contenant un peu de terre, **des coupures de presse** datant des années 30 et quelques lettres anciennes. Elle va ainsi apprendre comment David s'en est allé combattre les fascistes en Espagne lors de la guerre civile.

Ce début romanesque n'est pas dans la manière habituelle de Ken Loach. Mais le cinéaste en colère des maux sociaux et politiques de l'Angleterre contemporaine **a fait**, avec *Land and Freedom*, **un saut en arrière** dans le temps. **Revenir à la guerre** d'Espagne suppose la nécessité de raviver la mémoire de certains événements, de les faire connaître plus précisément à ceux qui sont nés bien longtemps après. Traitant d'une aventure individuelle, Ken Loach en organise le récit, à l'usage d'une adolescente des années 90, à travers **les comptes rendus** de la presse de l'époque et les lettres que David adressait, d'Espagne, à sa fiancée Kitty, restée en Angleterre. Les retours au présent forment, de temps à autre, des pauses de réflexion pour cette fille d'aujourd'hui.

Car ce n'est pas de la guerre d'Espagne dans sa version officielle — la lutte des républicains contre la rébellion des nationalistes opposés au **gouvernement de gauche** provoquée par le général Franco — que traite Ken Loach. Il parle de la guerre civile dans la guerre civile, des dissensions des divers partis composant **le camp républicain**, et de l'élimination brutale de certains d'entre eux par les communistes, **sur ordre de Staline**.

Lors de la présentation de *Land and Freedom* en compétition au Festival de Cannes 1995 (où il reçut le prix de la Critique internationale et le prix Œcuménique), puis au moment de la sortie nationale, en octobre, personne n'a cité **un film** français qui, sans recouper exactement le sujet choisi par Ken Loach, **avait**, **le premier**, **mis en cause avec virulence le rôle** néfaste de l'appareil du Komintern et de **la terreur** politique stalinienne, en 1937, chez les militants antifascistes d'Occident et dans le camp républicain d'Espagne. C'était *L'Ombre rouge* de Jean-Louis Comolli, en 1981. Comolli s'était alors appuyé sur des faits historiques longtemps cachés. Depuis la chute du communisme dans l'ex-URSS et **l'ouverture des archives là-bas**, on en a appris bien d'autres, mais Ken Loach ne s'est pas livré à un recensement qui risquait d'être trop vaste. Caméra au poing, c'est un fonceur.

LA GUERRA DE ESPAÑA.
AUTOPSIA DE UNA TRAICIÓN

Land and freedom. Al reconstituir un episodio trágico de la guerra civil española —el exterminio[1] y asfixia del Partido Obrero de Unificación Marxista (POUM) por parte de las tropas republicanas **a las órdenes de Moscú**—, Ken Loach realiza **una película**[2] histórica al mismo tiempo que una película para memoria de las jóvenes generaciones.

En 1994[3], en Liverpool, un anciano llamado David Carr **muere de un ataque al corazón** en la ambulancia que lo traslada al hospital. Sólo su nieta puede encargarse de las exequias[4]. Mientras ordena documentos en el apartamento de su abuelo, descubre un pañuelo rojo con un poco de tierra, algunos **recortes de prensa** que datan de los años treinta, y unas viejas cartas. De esta manera va a enterarse de cómo David se fue a España a luchar contra los fascistas durante la guerra civil.

Ken Loach no nos tiene acostumbrados a principios novelescos de este estilo. Pero el cineasta rebelde que ha filmado[5] los males sociales y políticos de la Inglaterra contemporánea, **ha dado un salto atrás** en el tiempo con *Land and Freedom*. **Remontarse a la guerra** de España presupone necesariamente rememorar algunos acontecimientos, y más concretamente darlos a conocer a quienes nacieron mucho después. Al tratar una aventura individual, Ken Loach estructura un relato destinado a una adolescente de los años noventa, a través de[6] **las reseñas** de la prensa de aquel entonces y de las cartas mandadas por David desde España a su novia Kitty, que se había quedado en Inglaterra. Las escenas de retorno al presente constituyen de vez en cuando pausas de reflexión para esta joven de hoy.

En efecto, Ken Loach no trata la versión oficial de la guerra de España —es decir, la lucha de los republicanos contra la rebelión de los nacionalistas provocada por el general Franco contra el **Gobierno de izquierdas**— sino que nos habla de la guerra civil dentro de la guerra civil, o sea de las disensiones de los distintos partidos que integraban **el bando republicano** y de la eliminación brutal de algunos de ellos, que llevaron a cabo los comunistas **por orden de Stalin**.

Cuando *Land and Freedom* se presentó en 1995 al certamen del Festival de Cannes (donde obtuvo el Premio de la Crítica Internacional y el Premio Ecuménico), y cuando posteriormente en octubre se estrenó en toda Francia, nadie mencionó **una película** francesa que, sin abordar exactamente el tema escogido por Ken Loach, **había sido la primera en cuestionar virulentamente el papel** nefasto desempeñado en 1937[7] por el aparato del Komintern y **el terror** político estalinista entre los militantes antifascistas occidentales y el bando republicano español. Se trataba la película *L'Ombre Rouge* rodada en 1981[8] por Jean Louis Comolli, que por ese entonces se basó en hechos históricos ocultados durante mucho tiempo.

Desde que el comunismo cayó en la ex URSS y **se abrieron allí los archivos**, nos hemos enterado de muchas otras cosas, pero Ken Loach no se ha dedicado a hacer un compendio exhaustivo que hubiera corrido el riesgo de ser demasiado vasto, sino que arremete cámara en mano con el ímpetu que le caracteriza.

¡ Cuidado !

1 Var.: la matanza, la masacre.
2 Var.: un filme, un film.
3 Mil novecientos noventa y cuatro.
4 Var.: el sepelio, el entierro, los funerales, las honras fúnebres.
5 Aquí no conviene el verbo *rodar* porque designa el proceso material de realización de una película (Se habla de un film rodado... en España / el año pasado / con pocos medios, etc.).
6 Var.: mediante, gracias a, merced a.
7 Mil novecientos treinta y siete.
8 Mil novecientos ochenta y uno.

Ayant donc mis en place sa construction narrative, il a filtré, dans une reconstitution d'époque épurée, proche d'un **réalisme documentaire** sans effets rétro, **ce qu'il voulait faire connaître**, à travers le regard, le comportement et les lettres d'un personnage-témoin. David ne parle que de ce qu'il a vu et vécu lui-même.

En 1936, le jeune David Carr (Ian Hart) est chômeur à Liverpool. **Inscrit au parti** communiste anglais, il assiste à la projection d'un film militant sur **le déclenchement** de la guerre civile en Espagne et la lutte des ouvriers et des syndicalistes. A la sortie de la salle, il annonce à sa fiancée Kitty qu'il va là-bas combattre le fascisme. Par idéalisme, par **romantisme** même, car il est bien évident, dès le début, que David n'a consulté personne et qu'il ne fait que suivre les rêves, les illusions qu'il a dans la tête et le cœur. Dans un train en territoire espagnol contrôlé par les républicains, il se confie naïvement à qui veut l'entendre, est accueilli avec enthousiasme et dirigé, **sur le conseil d'un Français**, vers une milice du POUM (partido obrero de unificación marxista), dont il n'a jamais entendu parler, et dont il lui suffit de savoir que c'est un parti ouvrier et marxiste.

David se retrouve donc, avec un groupe de miliciens du POUM, sur **le front d'Aragon**, où Espagnols et gens de diverses nationalités (mais il ne s'agit pas des fameuses Brigades internationales) se déplacent, mal armés, **mal nourris**, animés par une foi révolutionnaire. Dans un premier temps, David, qui rêvait de se battre, perd ses illusions romantiques sur la lutte armée. Dans un second, il apprend à combattre durement, avec cette milice isolée, indépendante du parti communiste, livrée à elle-même et obligée d'improviser. David est attiré par une jeune femme, Blanca (Rosana Pastor), qui représente, ici, l'esprit anarchiste.

L'attaque d'un village tenu par les fascistes est une suite de séquences fortes et dramatiques, comme filmées au vol, et se terminant par des massacres des deux côtés. Épreuve du feu, épreuve des rivalités internes, discussions oiseuses sur la collectivisation des terres : Ken Loach **ne dore pas forcément la pilule** à ceux dont il a voulu retracer le mauvais sort. Mais **il arrive**, alors, **au cœur de son sujet**. Blessé bêtement, David est envoyé en convalescence à Barcelone où, à Blanca qui l'a rejoint, il apprend, gêné, qu'il a quitté la milice pour l'armée républicaine, sur ordre communiste.

Malgré **les insultes** de Blanca, malgré tout ce qu'il a pu apprendre jusque-là de la politique de Staline, plus occupé à des purges qu'à soutenir en Espagne **une révolution qui ne l'arrange pas**, David croit que «le parti ne peut pas se tromper». Mais, au cours des sanglante journées de mai 1937 à Barcelone, où les forces gouvernementales, regroupées sous la bannière du communisme se battent dans les rues contre les anarcho-syndicalistes qu'ils veulent éliminer, il va comprendre la vérité et les trahisons du **stalinisme**. Écœuré, David rejoint alors ses anciens amis en Aragon pour assister à la liquidation finale du groupe accusé de complicité avec les fascistes, de délation, de trahison, **bref** de tout ce que pouvait inventer et invente encore la terreur stalinienne dont le mécanisme est ici démonté **avec une fureur vengeresse** au cours d'une fin terrible par la violence des exécutions sur commande de Moscou. Ken Loach est bien un grand cinéaste politique.

Una vez que ha estructurado su narración, Ken Loach ha filtrado **lo que quería darnos a conocer** a través de la mirada, el comportamiento y las cartas de un personaje testigo, en el marco de una depurada reconstitución de la época que se aproxima a un **realismo documental** sin efectos retro. David sólo habla de lo que ha visto y vivido en persona[9].

Estamos en 1936 y el joven David Carr (Ian Hart), un parado de Liverpool **afiliado al Partido** Comunista Inglés, presencia la proyección de una película militante sobre **el desencadenamiento** de la guerra civil en España y la lucha de obreros y sindicalistas. Al salir del cine, le anuncia a su novia Kitty que se va allá a combatir contra el fascismo. Lo va a hacer por idealismo e incluso por **romanticismo**, porque desde el principio está claro que David no ha consultado a nadie y se deja guiar tan sólo por los sueños **e** ilusiones que alberga en la cabeza y el corazón. En un tren que va por el territorio español controlado por los republicanos se confía cándidamente a todo el que quiere escucharle, es objeto de una acogida entusiasta, y **por consejo de un francés** encamina sus pasos hacia una milicia del Partido Obrero de Unificación Marxista (POUM) del que nunca ha oído hablar, pero del que le basta con saber que es un partido obrero y marxista.

David va a encontrarse, pues, con un grupo de milicianos del POUM en **el frente de Aragón**, donde mal armados y **malcomidos**[10], pero animados por una fe revolucionaria, se desplazan españoles y gente de distintas nacionalidades que nada tienen que ver con las famosas Brigadas Internacionales. En un primer momento, el David que soñaba con combatir pierde sus ilusiones románticas sobre la lucha armada. Luego aprende a combatir duramente con esta milicia aislada, que se ve obligada a improvisar al ser independiente del partido comunista y tener que arreglárselas por sí sola. A David le atrae Blanca (Rosana Pastor), una joven que en la película representa el espíritu anarquista.

El ataque a una aldea en manos de los fascistas es presentado en una serie de secuencias intensas y dramáticas filmadas como al vuelo, que acaban con matanzas por ambos bandos. Bautismo de fuego, pugna de rivalidades internas, discusiones ociosas sobre la colectivización de la tierra... Ken Loach **no siempre dora la píldora** a aquellos cuya mala fortuna ha querido describir. En este momento es cuando **va al grano**. A David, que ha sido herido tontamente, le mandan a pasar su convalecencia en Barcelona. Aquí es donde, un tanto incómodo, va a comunicarle a Blanca —que ha venido a encontrarse con él— su abandono de la milicia y su ingreso en el ejército republicano por orden de los comunistas.

David cree que «el partido no puede equivocarse», a pesar de **los insultos** de Blanca y de todo lo que hasta entonces ha podido llegar a saber acerca de la política de un Stalin más preocupado por las purgas que por el apoyo a **una revolución** en España, **que no le conviene**. Pero va a comprender la verdad y las traiciones del **estalinismo** durante los sangrientos días de mayo de 1937 en Barcelona, cuando las fuerzas gubernamentales agrupadas bajo la bandera del comunismo combatan en la calle contra los anarcosindicalistas a los que querían eliminar. David, asqueado, va a unirse entonces con sus ex amigos en Aragón para presenciar la liquidación final del POUM, al que se acusa de ser delator, traidor y cómplice de los fascistas. **En suma**[11], de todo lo que podía inventar y seguiría inventando después el terror estalinista, cuyo mecanismo se desmonta en esta película **con vengativo furor** durante la terrible escena final de las violentas ejecuciones ordenadas por Moscú. Ken Loach es realmente un gran cineasta político.

¡ Cuidado !

9 Var.: él mismo.

10 Existe el verbo malcomer. En García Márquez encontramos: «cansados y mal dormidos» (*Noticia de un secuestro*, pág. 37).

11 Var.: en resumidas cuentas.

18

LE MUSÉE DE L'OR DE BOGOTA RÉVÈLE LES RICHESSES D'UNE CIVILISATION PRÉCOLOMBIENNE INCONNUE

Le trésor des seigneurs de Malagana a été découvert **par hasard** en 1992, non loin de Cali.

Des masques d'or, des céramiques superbes... Voilà ce qu'on peut voir de la civilisation qui prospérait au début de notre ère dans **la vallée** du fleuve Cauca, au **sud-ouest** de la Colombie. Inconnue des archéologues, elle a été découverte en 1992.

Une véritable **ruée vers l'or** attira les pillards et nécessita l'intervention de l'armée pour sauver ce qui pouvait l'être. Et que l'on peut admirer aujourd'hui au Musée de Bogota.

«C'est la plus grande découverte archéologique précolombienne de la décennie dans notre pays», annonce, émue, Clemencia Plaza, directrice du Musée de l'or de Bogota, qui expose jusqu'au 17 septembre cent quinze pièces d'orfèvrerie en or fin (offrandes, parures, récipients) constituant un trésor vieux de vingt siècles baptisé le trésor des **seigneurs** de Malagana, témoignage d'une culture jusque-là inconnue. «Les tombes ont été trouvées dans **la vallée la plus fertile** de Colombie. Dans les montagnes autour, avaient été découvertes les **traces** de nos plus grandes civilisations précolombiennes: San Agustin, Tierra Adentro, Calima... Et c'était **un véritable mystère** : que s'était-il passé dans cette superbe vallée qui, **à l'ère quaternaire**, était un immense lac ?», se demande la directrice du Musée.

D'après
Anne Proenza,
Le Monde, 30/7/96
[1431 signes, 222 mots]

EL MUSEO DEL ORO DE BOGOTÁ MUESTRA LAS RIQUEZAS DE UNA CIVILIZACIÓN PRECOLOMBINA DESCONOCIDA

En 1992, el tesoro de los caciques de Malagana fue descubierto **por casualidad** no lejos de Cali.

Máscaras[1] de oro, alfarería[2] magnífica... Esto es lo que puede verse de la civilización que prosperaba a principios de nuestra era al **sudoeste**[3] de Colombia, en **el valle** del río Cauca. Los arqueólogos la desconocían y fue descubierta tan sólo en 1992[4]. Una verdadera **fiebre del oro** atrajo **a** los saqueadores y se hizo necesaria la intervención del Ejército para salvar lo que se pudiera, es decir lo que hoy puede contemplarse en el Museo de Bogotá.

«**Es el mayor hallazgo arqueológico precolombino**[5] de esta década[6] en nuestro país», declara con emoción Clemencia Plaza directora del Museo de Bogotá, donde se está exponiendo hasta el 17 de septiembre un tesoro de dos mil años de antigüedad, constituido por ciento quince piezas de orfebrería de oro fino (ofrendas, adornos y recipientes), que se denomina tesoro de los **caciques** de Malagana y es vestigio[7] de una cultura desconocida hasta ahora. La directora del museo nos dice y se pregunta a un tiempo: «Las tumbas fueron encontradas en **el valle más fértil**[8] de Colombia. En las montañas de los alrededores se habían descubierto las **huellas**[9] de nuestras civilizaciones precolombinas más importantes: San Agustín, Tierra Adentro, Calima... Era **un auténtico misterio**: ¿Qué había ocurrido en este magnífico valle que era un inmenso lago **en la era cuaternaria**?[10]»

¡ Cuidado !

1 Es femenino en castellano.
2 Var.: cerámica.
3 Var.: suroeste.
4 Mil novecientos noventa y dos.
5 No confundir *colombiano* (relativo a Colombia) y *colombino* (referente a Colón). Se habla del *gobierno colombiano*, pero se dice *viajes colombinos* y *civilizaciones precolombinas*.
6 Véase la nota 7, pág. 100.
7 En el sentido de señal o prueba que queda de hechos u objetos del pasado.
8 Recordar la omisión del segundo artículo con respecto a la construcción del superlativo en francés.
9 No emplear *traza*, que se utiliza sobre todo para el aspecto de las personas y tiene un matiz algo peyorativo.
10 Las eras geológicas son: era primaria, secundaria, terciaria y cuaternaria.

19

LE MACHINISTE DU CLOS-LUCÉ

SUJET

Où l'on reparle de Léonard de Vinci, de ses machines du futur et de son installation ***sur les bords de la Loire****. Dans un Clos-Lucé remis à neuf.*

La Loire à Amboise prend des allures de boulevard du crime. Catherine, dit-on, **se régala** sous sa mantille au spectacle des conjurés, pendus au balcon du château comme à l'étal du boucher. Il faut **s'arracher à** la lumière du fleuve, où scintillent mille poignards, le laisser à ses trahisons, à ses amours furieuses, ses courbettes courtisanes. L'Histoire lasse, à force d'être assassine. Au Clos-Lucé, nous voici à nouveau chez les humains. **Il suffit de peu de chose** pour revenir à la vie, une prairie aux courbes molles, une ligne de grands arbres frissonnants, des effluves de fenaison. La Touraine **n'a pas son pareil** pour offrir des choses faciles. Mais il faut la prendre à revers, s'introduire dans les plis de ses coteaux, oublier le grand fleuve et le tapage arrogant de ses châteaux.

Régis Guyotat, *Le Monde*, 18/6/94. [3827 signes, 673 mots].

La Touraine est le refuge des grands laborieux et des grands révoltés. Les demeures de Saché, de La Devinière, et du Clos-Lucé ont ceci de commun : elles ont abrité des solitudes, des êtres trop lucides sur leur monde, dont ils avaient vite **cerné** les contours ridicules. Léonard avait passé les Alpes un peu comme Hannibal. Dans ses bagages, traînés par un mulet, le maître avait emporté trois tableaux, la *Joconde*, *Sainte Anne* et *Saint Jean-Baptiste*. La Joconde était venue sourire au Clos-Lucé. Le manoir du Cloux, ainsi appelé à l'époque, était en fait **un de ces caprices royaux**, acquis **à portée de vue**, presque à portée de voix, de la grande demeure d'Amboise. Un marmiton de Louis XI y avait élu domicile, mais celui-ci, grisé par la promotion et devenu trop violent, avait été renvoyé aux cuisines. Puis le jeune François était venu jouer sous les grands arbres, et Marguerite, sa sœur, s'était enfermée dans une chambre pour y composer l'*Heptaméron*.

On sait peu de chose sur le séjour ligérien — de 1517 à 1519 — du Toscan. Il est accompagné du beau Salaï, qu'il a recueilli à l'âge de dix ans, en 1490, alors que lui en a quarante, et jamais dans ses *Carnets* il n'aura autant écrit sur un être humain. On ne lui connaît pas de compagnie féminine, et, dira Freud, «il est douteux que Léonard ait jamais étreint amoureusement une femme». En 1476, il a été accusé de sodomie sur un prostitué sur la foi d'une dénonciation anonyme, mais vite disculpé il gardera de cette épreuve une «nausée qui **aiguillonnera** sa rébellion». Il dessine les nus masculins plutôt par le bas, tandis que les nus féminins l'intéressent par le haut. Il est accompagné aussi d'un de ses élèves, Francesco Melzi, à coup sûr le plus fidèle, mais pas le plus talentueux. Il a un serviteur, nommé Battista De Villanis, et sur place on a engagé Mathurine, une servante **du cru**.

EL MAQUINISTA DEL CLOS-LUCÉ

Donde se habla de nuevo de Leonardo de Vinci, de sus máquinas del futuro y de su instalación ***a orillas del Loira***[1] *en la mansión del Clos-Lucé, completamente restaurada en la actualidad.*

En Amboise, el Loira toma el aspecto del bulevar del crimen. Se dice que Catalina **se delectó** tras su mantilla con el espectáculo de los conjurados colgados en el balcón del palacio como en los ganchos de una carnicería. Hay que **sustraerse a** la luz del río donde centellean mil puñales y abandonarlo a sus traiciones, a sus furibundos amores y a sus zalemas cortesanas. A fuerza de ser asesina, la Historia cansa. En el Clos-Lucé nos hallamos de nuevo entre seres humanos. **Basta poca cosa** para volver a la vida: una pradera de suaves ondulaciones, una hilera de altos árboles trémulos y algunos efluvios de la siega del heno. La región de Turena **no tiene parangón** para ofrecernos cosas fáciles. Pero hay que tomarla de revés, introduciéndose en los pliegues de sus collados y olvidándose del gran río y del arrogante tumulto de sus palacios.

La Turena es un refugio para trabajadores y rebeldes excepcionales. Las mansiones de Saché, La Devinière y Clos-Lucé tienen en común el haber albergado a solitarios, es decir a seres demasiado lúcidos que habían **captado** rápidamente el perfil ridículo de su propio mundo. Leonardo había cruzado los Alpes un poco como Aníbal. En su equipaje acarreado por un mulo, el maestro se había traído tres cuadros: la *Gioconda*, *Santa Ana* y *San Juan Bautista*. La Gioconda había venido a sonreír en el Clos-Lucé. La mansión del Cloux —como se llamaba por aquel entonces— fue comprada de hecho por **uno de esos caprichos regios** y desde el palacio de Amboise se hallaba **al alcance de la vista** y casi de la voz. Un pinche de cocina[2] de Luis XI[3] había escogido domicilio allí, pero fue enviado de nuevo a los fogones porque este ascenso se le subió a la cabeza y se volvió demasiado violento. Luego fue el joven Francisco quien vino a jugar bajo los altos árboles, y su hermana Margarita se encerró en una de sus habitaciones para escribir el *Heptamerón*. Poco se sabe de la estancia del toscano en tierras del Loira entre 1517 y 1519[4]. Se sabe que le acompañaba el apuesto Salai, al que recogió en 1490[5] a los diez años de edad, cuando él contaba ya cuarenta; en sus *Cuadernos* escribió sobre él como nunca lo hiciera sobre otro ser humano. No se sabe que tuviera amistad femenina alguna, y en opinión de Freud «es dudoso que hubiese estrechado amorosamente entre sus brazos a una mujer». En 1476[6], se le acusó de sodomía con un prostituto por haberse dado crédito a una denuncia anónima, y aunque pronto se le disculpó de ello, guardaría de este infortunio una «repulsión que **iba a aguijonear**[7] su rebeldía». Los desnudos masculinos los dibujaba más bien por abajo, mientras que los desnudos femeninos le interesaban por la parte de arriba. También le acompañaba Francesco Melzi que seguramente fue el más fiel de sus alumnos, aunque no el de mayor talento. Tenía un sirviente llamado Battista De Villanis, y allí mismo en Amboise contrató a Mathurine, una criada **del terruño**.

¡ Cuidado !

1 Los nombres de ríos son masculinos en español. Se dice: el Sena, el Amazonas.
2 Var.: marmitón.
3 Luis Once (véase la nota 2, pág. 106).
4 Mil quinientos diecisiete; mil quinientos diecinueve.
5 Mil cuatrocientos noventa.
6 Mil cuatrocientos setenta y seis.
7 Var.: espolear.

19

On sent l'Histoire, celle qui est peu sourcilleuse, prête à en rajouter sur les tisanes de **la bonne Mathurine** pour le grand homme vieillissant — il a 65 ans —, stature magnifique et barbe de prophète si l'on en croit l'autoportrait à la sanguine. Prête à boucher les trous de son emploi du temps pour **marquer** le Val de Loire **de son empreinte**.

Plus sûrement on sait qu'il fit **une dernière fois** l'amuseur pour les puissants. A François, ultime mécène qui s'est attaché ses services pour 700 écus d'or, il offrit une féerie au Clos-Lucé même. Il avait figuré la voûte céleste. Quatre cents candélabres illuminaient la scène, **au point qu**'il semblait «que la nuit fût chassée», dira un Visconti qui était de la fête. A-t-il inspiré Chambord et son fameux escalier ? **Il y a trop de mathématiques**, trop de géométrie, de calculs et de construction intellectuelle dans cet édifice, comme dans bien d'autres de cette époque dans le Val de Loire, **pour que l'on ne pense pas** à la main trop habile de Léonard.

Uno siente que la Historia —la que es poco rigurosa— está dispuesta a exagerar[8] con las tisanas preparadas por **la buena de Mathurine** para el gran hombre que iba envejeciendo —tenía ya 65[9] años— y que poseía una magnífica estatura y unas barbas de profeta, a juzgar por el autorretrato coétaneo a la sanguina. Esa Historia también está dispuesta a rellenar las lagunas de la vida de Leonardo en Amboise para **marcar con la impronta de éste** el Valle del Loira.

Lo que sí se sabe **con mayor seguridad** es que divirtió **por vez postrera** a los poderosos. En el mismo Clos-Lucé presentó un espectáculo de ensueño a su último mecenas[10], Francisco, que pagó setecientos escudos de oro por sus servicios. Leonardo había representado la bóveda celeste. Cuatrocientos candelabros iluminaban la escena **hasta tal punto que** «parecía que la noche había sido desterrada», según diría más tarde un Visconti que participó en la fiesta. ¿Fue Leonardo el inspirador de Chambord y su famosa escalera? En este edificio y en muchos otros de esta época en el Valle del Loira, **hay demasiadas matemáticas**, geometría, medidas y elaboración intelectual **como para no pensar en** su mano excesivamente hábil.

¡ Cuidado !

8 Var.: cargar las tintas.
9 Sesenta y cinco.
10 El plural es *mecenas*. Palabra derivada: mecenazgo. En el mundo de hoy, por ejemplo en el deporte, se habla de *patrocinadores* y *patrocinio* publicitario. *Mecenas* se sigue usando en el ámbito cultural y artístico.

20

LA VIEILLE HAVANE FAIT PEAU NEUVE GRÂCE À DES CAPITAUX ÉTRANGERS

La société d'État Habaguanex a lancé un vaste programme de réhabilitation.

Emmanuel de Roux, *Le Monde*, 29/11/96 [5823 signes, 905 mots]

Avant la Révolution de 1959, un plan prévoyait de raser le quartier central et historique de la vieille Havane. Presque trente ans plus tard, ce périmètre s'est tellement **dégradé** que le gouvernement cubain a décidé de créer une société **habilitée à** recevoir des fonds étrangers pour le rénover. Au risque que cet afflux de capitaux convertisse un quartier populaire en piège touristique dont les habitants seraient exclus.

Autour de la cathédrale de La Havane, devant le palais des Gouverneurs et dans quelques rues avoisinantes, San Ignacio, Obrapia, Cuba, Empedrado, les édifices **font peau neuve**. Les plus anciens ont trois ou quatre siècles. Ils sont repeints de **couleurs claires** et **accueillent des centres culturels** — Wifredo Lam, Alejo Carpentier — ou des établissements scientifiques — l'Institut de rénovation de la vieille ville, logé dans le couvent de Santa Clara, admirablement réhabilité.

Les églises sont peu à peu restaurées : san Francisco est devenue **une salle de concerts**. D'autres maisons sont transformées en musées. Ils sont consacrés à l'automobile, au tabac et aux infusions, à l'histoire de la ville, au tango ou à l'art colonial...

Quelques restaurants chics — Al Madina où l'on affiche un spectacle de danse du ventre — et des bars où plane l'ombre soigneusement entretenue d'Hemingway sont, eux aussi, **fraîchement retapés**.

Le périmètre de rénovation est encore exigu, mais des échafaudages annoncent son extension. La vieille Havane en a besoin : la quasi-totalité des immeubles sont **lépreux**, les chaussées défoncées et les poubelles débordantes. Sur ces 5 kilomètres carrés, dans le délabrement, vivent 150 000 personnes.

«Un tel patrimoine dans la capitale d'un pays **en voie de développement** comme Cuba ne peut être pris en charge par l'État. Il doit être capable de s'autogérer et se convertir en source de richesse.» L'homme qui énonce ce programme, Eusebio Leal, la cinquantaine élégante, **familier de** Fidel Castro, est un historien de La Havane. Il est à la tête du dispositif mis en place pour rénover la vieille ville. Les bureaux de la société qu'il dirige, Habaguanex, sont installés dans le palais des Gouverneurs. Il admet que le centre de La Havane est en ruine.

«Mais **nous revenons de loin** : il était prévu avant 1959 [c'est-à-dire avant la Révolution] de raser tous les vieux immeubles pour laisser la place à des gratte-ciels. L'université avait déjà été remplacée par un héliport.» Cette verrue de béton est actuellement une bibliothèque.

LA HABANA VIEJA MUDA DE PIEL GRACIAS A LOS CAPITALES EXTRANJEROS

La sociedad estatal Habaguanex inicia[1] un vasto programa de rehabilitación.

Antes de la revolución de 1959[2], hubo un plan que preveía el derribo del barrio céntrico e histórico de la Habana Vieja. Casi treinta años después, este perímetro se ha **deteriorado** tanto que el gobierno cubano ha decidido crear una sociedad **facultada para** recibir fondos extranjeros a fin de rehabilitarlo, aun cuando se corra el riesgo de que esta afluencia de capitales convierta a este barrio popular en un engañabobos para turistas y excluya de él a sus habitantes.

En torno a la catedral de La Habana, delante del Palacio de los Gobernadores y en algunas calles vecinas como San Ignacio, Obrapía, Cuba y Empedrado, los edificios **han mudado de piel**. Los más antiguos tienen tres o cuatro siglos, están repintados[3] con **colores claros** y **albergan centros culturales** con los nombres de Wifredo Lam y Alejo Carpentier, **u** organismos científicos como el Instituto de Rehabilitación del casco antiguo, que está instalado en el convento de Santa Clara y ha sido restaurado admirablemente.

También las iglesias se van restaurando poco a poco, y por ejemplo la de San Francisco se ha transformado en **auditorio para conciertos**. Otras casas se transforman en museos dedicados al automóvil, el tabaco y las infusiones, la historia de la ciudad, el tango o el arte colonial...

Asimismo están **recién arreglados** unos cuantos restaurantes elegantes —como Al Madina, que anuncia un espectáculo de danza oriental— y bares sobre los que se cierne la sombra de Hemingway cuidadosamente conservada. El perímetro de rehabilitación es todavía exiguo, pero algunos andamios vaticinan su ampliación. La Habana Vieja lo necesita porque casi todos sus inmuebles están **desconchados**, sus calzadas llenas de baches y sus cubos de la basura rebosantes. En estos cinco kilómetros cuadrados viven 150.000[4] personas en medio de ruinas.

«En la capital de un país **en vías de desarrollo** como Cuba, el Estado no puede hacerse cargo de un patrimonio semejante. Debe ser capaz de autoadministrarse y convertirse en fuente de riqueza». Quien enuncia este programa es un cincuentón elegante, Eusebio Leal, **allegado de** Fidel Castro e historiador de La Habana. Es él quien se halla a la cabeza del dispositivo creado para renovar la ciudad antigua. Las oficinas de la sociedad que dirige —Habaguanex— están instaladas en el Palacio de los Gobernadores. Leal admite que el centro de La Habana está derruido. «Sin embargo, **nos hemos librado de una buena** porque antes de 1959 [o sea, antes de la Revolución] estaba proyectado derribar todos los inmuebles antiguos y edificar rascacielos en su lugar. La universidad ya había sido reemplazada por un helipuerto». Hoy en día, esta verruga de hormigón armado es una biblioteca.

¡ Cuidado !

1 Se trata de un subtítulo, por lo cual se prefiere el presente verbal, común en los titulares de prensa en español.
2 Mil novecientos cincuenta y nueve.
3 Si se tratara solamente de la fachada, se podrían emplear los verbos *remozar* y *revocar*.
4 Ciento cincuenta mil.

20

«Le régime a interrompu le programme de destruction mais **n'a pas eu les moyens d'entretenir** ces quartiers populaires qui se sont **peu à peu** dégradés, ajoute l'historien, qui travaille ici depuis 1967. Les premières mesures de protection **datent de** 1965.»

Si l'Unesco a inscrit la vieille Havane sur la liste du patrimoine mondial en 1982, les premiers travaux de rénovation ne démarreront, timidement, qu'en 1988. En 1994, Eusebio Leal **saute une étape** : **avec la bénédiction de** Fidel Castro, il crée Habaguanex, société d'État habilitée à travailler avec des capitaux étrangers. A part **une mise de fonds initiale**, Habaguanex ne touche pas de **subventions publiques**. En revanche, après avoir acquitté ses impôts, elle peut conserver ses bénéfices pour **les réinvestir**. «Ici, des mécanismes mercantiles **sont au service** d'un projet social et culturel, explique Eusebio Leal. La rénovation nous aide à créer des emplois dans des zones économiques déprimées.»

Le plan directeur qui a été établi concerne un kilomètre carré. Un centre de restauration pour former les spécialistes de métiers quasiment perdus a été installé. La rue Obispo devrait, **à terme**, retrouver son chic commercial du début du siècle. La société espagnole Argentaria s'est associée avec Habaguanex pour rénover l'ancienne Chambre de commerce. Celle-ci doit pouvoir accueillir les entreprises qui réclament **une bureautique** sophistiquée. L'investissement est de 13 millions de dollars (65 millions de francs environ). La reconstruction du Grand Hôtel et du Florida a fait appel à des capitaux italiens et français. L'agence de voyages San Cristobal, qui vient d'être ouverte, devrait drainer directement les touristes au cœur de ces quartiers. L'exploitation de ces **ressources** nouvelles permet à Habaguanex de dégager des fonds qui financent aussi **le ramassage des ordures** ou l'installation d'un hôpital au centre du périmètre. Haguanex, **État dans l'État**, devrait bientôt, annonce Eusebio Leal, posséder sa propre banque. «Tout ceci n'est pas le résultat d'une grâce que l'on me fait, **c'est quelque chose que j'ai conquis**», indique-t-il fièrement.

Mais ces rues populaires — ici logent une grande partie de ceux que les habitants de La Havane nomment «los palestinos», les ruraux **fraîchement débarqués** de l'est du pays — deviennent peu à peu le champ exclusif d'un tourisme qui paie en dollars. Les petits commerces qui prolifèrent proposent d'ailleurs massivement une médiocre et banale pacotille. La débauche de musées est également un prétexte. Ce qu'on montre dans la maison du Mexique ou celle de l'Afrique notamment n'est que reproductions de piètre qualité ou de l'art d'aéroport. Les restaurants et les bars sont exclusivement destinés aux touristes. «Tout édifice rénové est **une machine à sous**», regrette un habitant de ce quartier. Habitants qui, **quoi qu'en disent les responsables** d'Habaguanex, sont loin d'être tous relogés sur place. Outre la transformation du centre historique en réserve d'Indiens, **on peut craindre** enfin que la rénovation ne se borne au périmètre restreint qui intéresse le tourisme, alors que l'ensemble de la vieille Havane, celle aussi des quartiers moins prestigieux, **réclame des soins intensifs**.

El historiador, que trabaja en ella desde 1967[5], añade que «el régimen ha interrumpido el programa de destrucción, pero **ha carecido de medios para el mantenimiento** de estos barrios populares que se han ido deteriorando **paulatinamente**. Las primeras medidas de protección **se remontan a** 1965».

Aunque la UNESCO ha inscrito a la Habana Vieja en la lista del patrimonio mundial desde 1982[6], las primeras obras de rehabilitación tan sólo comenzaron tímidamente en 1988. Eugenio Leal **quemó una etapa** en 1994. **Con el beneplácito de** Fidel Castro creó Habaguanex, que es una sociedad estatal habilitada para trabajar con capitales extranjeros. Si se exceptúa **una aportación de capital inicial**, Habaguanex no recibe **subsidios públicos**. En cambio, una vez que ha pagado sus impuestos, puede conservar sus beneficios para **reinvertirlos**. Eusebio Leal nos explica que «en Cuba los mecanismos mercantiles **están al servicio** de un proyecto social y cultural. La rehabilitación nos ayuda a crear empleos en zonas económicamente deprimidas».

El plan de ordenación establecido afecta a un kilómetro cuadrado. Se ha instalado un centro de restauración para formar especialistas de oficios prácticamente desaparecidos. **Con el tiempo**, la calle Obispo debería recobrar su encanto comercial de principios de siglo. La sociedad española Argentaria se ha asociado con Habaguanex para restaurar la antigua Cámara de Comercio, que podrá albergar a las empresas que necesiten **una ofimática** perfeccionada. La inversión es de 13 millones de dólares, es decir unos 65[7] millones de francos. Para la reconstrucción del Gran Hotel y del Florida se ha recurrido a capitales franceses e italianos. Acaba de inaugurarse la agencia de viajes San Cristóbal, que al parecer canalizará directamente a los turistas hacia el corazón de estos barrios. La explotación de estos nuevos **recursos** le permite a Habaguanex obtener fondos para financiar también **la recogida de basuras** o la instalación de un hospital en el centro del perímetro. Eusebio Leal anuncia que Habaguanex **—un Estado dentro del Estado—** va a disponer pronto de un banco propio. Y dice con orgullo que «todo esto no es el resultado de un favor que se me hace, **es algo que me he ganado yo**».

Poco a poco, el turismo que paga con dólares está convirtiendo en coto propio estas calles populares donde vive una gran parte de los palestinos —nombre dado por los habaneros a los guajiros[8] **recién llegados** del este del país. Las pequeñas tiendas proliferan y ofrecen además una cantidad masiva de baratijas mediocres y triviales. El exceso de museos también es un pretexto. Lo que se exhibe en la Casa de México o en la de África sólo es mera reproducción de pobre calidad o arte de aeropuerto. Los restaurantes y bares están destinados exclusivamente a los turistas. Un vecino del barrio se lamenta de que «todo edificio renovado es **una máquina tragaperras**». **Digan lo que digan los dirigentes** de Habaguanex, se dista mucho de volver a alojar a los vecinos en la misma zona. Además de la transformación del casco histórico de la ciudad en reserva de indios, **cabe temer** por último que la rehabilitación se limite exclusivamente al perímetro restringido que interesa al turismo, cuando es toda la Habana Vieja la que **exige cuidados intensivos**, inclusive en sus barrios de menor prestigio.

¡ Cuidado !

5 Mil novecientos sesenta y siete. A continuación: mil novecientos sesenta y cinco.

6 Mil novecientos ochenta y dos. A continuación: mil novecientos ochenta y ocho; mil novecientos noventa y cuatro.

7 Sesenta y cinco.

8 Voz cubana para designar a los campesinos.

21 L'ALTERNATIVE DE CRISTINA SANCHEZ

D'après
Francis Marmande,
Le Monde, 28/8/96
[3919 signes, 645 mots]

Cristina Sanchez, vingt-quatre ans, femme jusqu'au bout, a pris, samedi 25 mai, à Nîmes, son «alternative» de matador de toros, des mains de Curro Romero, en présence de José-Maria Manzanares. L'alternative est **un geste bref** et profond, qui se décide laborieusement par le milieu, les marchandages, le talent, une immense obstination et la chance. C'est l'équivalent de **l'adoubement**, de la thèse ou de la «passe» en psychanalyse. Le torero le plus ancien de l'après-midi, celui qui a pour mission de tuer le premier taureau et qui **a accepté d'être** le parrain d'alternative, remet, au troisième acte de sa partie, ses propres instruments au néophyte. Le troisième torero du jour sert de témoin. Force palabres très belles, que le public n'entend pas, sont alors échangées. Le néophyte tue le premier taureau et le dernier de l'après-midi. Cette cérémonie décide de son entrée dans le monde clos des «matadors de toros». **L'impétrant a désormais le droit d'«alterner»** avec ses pairs, à sa juste place décidée par la date d'alternative. Il fait carrière ou **il sombre dans l'oubli**. Tout commence là. Le touriste peut ne s'apercevoir de rien.

L'alternative se prend en province (et **depuis peu** à Mexico ou à Nîmes, jamais à Viroflay), doit se confirmer à Madrid par une cérémonie semblable, **et la boucle est bouclée**. Si l'on remonte, de proche en proche, la lignée des témoins et des parrains, **on couvre toute l'histoire** de la tauromachie moderne. Le cas de Cristina Sanchez, c'est qu'elle est une femme : la première à toréer à pied, la première acceptée dans un jeu réservé aux hommes. Son *apoderado* (fondé de pouvoir, impresario, manager, coach, etc.) est Simon Casas, un des êtres les plus intelligents de la petite planète des taureaux, habile à citer Bourdieu, Foucault et Lacan, agitateur séduisant d'un monde délicieusement obtus, directeur d'arènes, poète spontané, dont la carrière de torero s'est arrêtée au jour de son alternative.

L'alternative de Cristina Sanchez, **si l'on en croit les images**, fut une belle fête. Les fauves étaient énormes, sérieux, intacts. Au terme de ses trois saisons de *novillera*, Cristina Sanchez a fait la preuve de sa détermination et de ses capacités. Les *novilleros* affrontent des taureaux de moins de quatre ans (*novillos*) avant leur maturité sexuelle, et tout change avec les *toros-toros*. Pas seulement le poids, ce qui est assez secondaire, non plus que la vivacité ou le danger, mais une forme de présence et d'intelligence chez le taureau qui complique. Il peut arriver que la première année d'alternative soit dure ou infranchissable pour **le nouveau promu**.

A court d'arguments, les commentateurs avisés disent de Cristina Sanchez, faute de mieux, qu'«**elle en a**». Libre à chacun de se faire une idée de l'épistémologie et de l'idéologie qui président à l'évaluation des choses. La question n'est pas celle de la misogynie ou du machisme qui régneraient dans un champ magnétique orienté par l'hétérosexualité classique. Le corps y joue le rôle premier. Un corps de femme n'a pas la même promesse de blessure qu'un corps d'homme.

LA ALTERNATIVA DE CRISTINA SÁNCHEZ

El sábado 25 de mayo, en Nimes, Cristina Sánchez, que tiene veinticuatro años y es una mujer de una pieza, ha tomado su alternativa de matadora de manos de Curro Romero y ante José María Manzanares. La alternativa es **un gesto escueto** y hondo que deciden trabajosamente el mundillo, los trapicheos, el talento, una inmensa obstinación y la suerte. Equivale al **espaldarazo** del caballero, a la tesis o al «paso» en psicoanálisis. El torero más veterano de la tarde, que tiene la misión de matar al primer toro y **ha aceptado ser** el padrino de la alternativa, entrega sus propios trastos al neófito en el último tercio del toro que le corresponde. El tercer torero del cartel sirve de testigo. En ese momento se intercambian muchas y hermosas palabras que el público no oye. El neófito mata a continuación el primer toro y el último de la tarde. Con esta ceremonia se decide su entrada en el mundo cerrado de los matadores de toros. **A partir de ese momento, el postulante[1] tiene derecho a alternar** con sus pares en el puesto exacto que le asigna la fecha de la alternativa. Logra hacer carrera o **se hunde en el olvido**. Todo empieza en ese momento. Al turista esto le puede pasar desapercibido por completo.

La alternativa se toma en provincias (y **desde hace poco** en México o en Nimes, pero nunca en un villorrio[2]) y ha de confirmarse en Madrid con una ceremonia semejante, **y asunto concluido**[3]. Si se va remontando el linaje de los testigos y padrinos uno por uno, **se abarca toda la historia** de la tauromaquia moderna. Lo que ocurre en el caso de Cristina Sánchez es que se trata de una mujer: la primera que torea de a pie y la primera admitida en un juego que es sólo para hombres. Su apoderado (empresario, «manager», entrenador, etc.) es Simón Casas, una de las personas más inteligentes del mundillo taurino, que es tan diestro para citar a Bourdieu, Foucault y Lacan, como atractivo para actuar de agitador un universo deliciosamente obtuso. También es director de plazas de toros y poeta espontáneo; su carrera de torero se acabó el día de su alternativa.

Si se da crédito a las imágenes de la alternativa de Cristina Sánchez, cabe decir que fue una hermosa fiesta. Los astados[4] eran enormes, serios y sin afeitar[5]. Al cabo de tres temporadas de novillera, Cristina Sánchez ha demostrado su determinación y capacidades. Los novilleros tienen que habérselas con toros de menos de cuatro años que no han llegado a su madurez sexual, pero con los «toros toros» todo cambia. Cambia no sólo el peso, que es bastante secundario, o la vivacidad y el peligro, sino una presencia **e** inteligencia que todo lo complican. Puede ocurrir que el primer año de la alternativa sea duro o infranqueable para **el novel**.

A falta de argumentos y de mejor símil, los revisteros sagaces dicen que Cristina Sánchez «**los tiene bien puestos**». Cada uno es muy dueño de hacerse una idea de qué epistemología **e** ideología imperan en tal evaluación de las cosas. No se trata de la misoginia o el machismo que puedan reinar en este campo magnético orientado por la heterosexualidad tradicional, en el que el cuerpo desempeña el papel primordial.

¡ Cuidado !

1 Var.: impetrante, candidato.
2 Var.: poblacho.
3 Var.: y sanseacabó; queda rizado el rizo; y punto final.
4 Var.: fieras, aunque esta palabra se utiliza sobre todo para animales salvajes exóticos como el jaguar, la pantera, etc.
5 Hablar de toros sin afeitar significa que no se les han limado los cuernos (*astas** o *pitones*) para disminuir su peligrosidad.
*Atención: en singular, *el asta*.

21

Un corps de femme peut porter la vie qui porte la mort. **Après tout**, l'égalité (**au sens** politique du terme) ne commence pas forcément quand les femmes s'abandonnent aux mêmes aberrations que les hommes.

Le cas de Cristina Sanchez est qu'elle transgresse **un ordre** finement balancé. Un torero, **naguère**, Luis Reina, se fit faire un costume brodé de publicités pour une marque japonaise. En un sens, il allait plus loin et n'alla pas plus loin. Elle, elle torée, et telle qu'on l'a vue devant des novillos, elle torée bien ; bien, c'est-à-dire avec intelligence, détermination, volonté et passion des taureaux. Ses gestes sont d'un torero, sa cambrure aussi, son courage également. Qu'elle soit femme ne change rien, elle est la première, c'est ce qui change tout.

22

HÉRATIQUE

Le Canard Enchaîné, 24/7/96 [811 signes, 121 mots].

Les certificats de vie commune **délivrés** aux homosexuels par la ville de Nantes défrisent énormément une certaine Annick de Roscoat, conseillère municipale. Cette responsable du centre national des indépendants a donc fondé l'association Héra pour défendre «l'institution **familiale**, l'avenir de l'humanité», etc. Vous avez dit Héra ? A ce nom Françoise Vermeire, maire d'une commune voisine (Bouguenais), a réagi en helléniste, faisant remarquer que la déesse grecque Héra, «jalouse, violente et vindicative, **poursuit de sa haine** les amantes de son mari (Zeus) et les enfants qu'elles lui donnent (...) Est-ce bien ce couple qu'il faut **donner en exemple** ?»

Excellente question, qui ne résout pas tout : est-ce que sur **l'Olympe** les concubins homos avaient des **réductions** dans le train ?

Se trata de que cuerpo de mujer no posee la misma promesa de herida que el del hombre. Un cuerpo de mujer puede dar la vida, que a su vez da la muerte. **Al fin y al cabo**, la igualdad (**en el sentido** político del término) no empieza forzosamente cuando las mujeres se dejan llevar por las mismas aberraciones que los hombres.

Cristina Sánchez es un caso aparte, porque infringe **un orden** sutilmente equilibrado. **Antaño**, un torero llamado Luis Reina se hizo un traje con bordados publicitarios para una marca japonesa. En cierto sentido iba más lejos y, por cierto, no fue más lejos. Por su parte, Cristina torea, y además torea bien, tal y como ya se vio que lo hacía ante los novillos. Torea bien, es decir con inteligencia, resolución, voluntad y pasión por los toros. Sus gestos son los de un torero, su talle y su valor también. El que sea mujer no tiene importancia; pero es la primera, y eso sí que la tiene.

«HERÁTICA»

A una tal Annick de Roscoat, concejala[1] de Nantes, le cargan[2] una barbaridad los certificados de concubinato **que** el Ayuntamiento de esta ciudad **expide** a los homosexuales. Por eso, esta dirigenta del Centro Nacional de los Independientes ha fundado la Asociación Hera para defender «la institución **familiar**, el porvenir de la humanidad», etc. ¿Hera, dice usted? Françoise Vermeire, alcaldesa[3] del vecino municipio de Bouguenais, ha reaccionado ante esta denominación como buena helenista que es, y ha señalado que esta diosa griega «era celosa, violenta y vengativa, y **se ensañaba**[4] **con** las amantes de su marido Zeus y con los hijos que éstas le daban [...] ¿Conviene realmente **poner como ejemplo** a esta pareja?»

La pregunta es excelente, pero no contesta a esta otra: ¿En **el Olimpo** hacían **descuentos** en los billetes de tren a las parejas de hecho homosexuales?

¡ Cuidado !

1 Adviértase la existencia del femenino en español para la generalidad de los nombres de profesiones y funciones. Por ejemplo: *la dirigenta, la ministra, la jueza, la presidenta,* etc. También son correctas las formas: *la dirigente, la ministro, la juez, la presidente.*

2 En sentido figurado y familiar, *cargar* significa *incomodar* y *molestar.* Por ejemplo: *me cargan los pelmas; nos carga tener que salir con esta lluvia.* Var.: reventar. Por ejemplo: *me revienta la politiquería.*

3 Atención: *alcadesa* es la única forma del femenino de alcalde (se refiere en español tanto a la esposa del alcalde como a la mujer que ejerce el cargo).

4 Var.: se encarnizaba.

CHOCOLAT

Quetzalcoatl revenait d'**exil**. A Cortès, que les Aztèques prennent pour une réincarnation du prince **légendaire**, Montezuma offre du chocolat. Peu **banal** comme entrée en matière. Mais l'Espagnol l'accepte avec grâce ; pour l'or et les tueries, on verrait plus tard. Il avait raison : entre ses doigts pépitaient* les premiers ducats du trésor.

On ne racontera pas l'histoire du cacao. Disons qu'il y avait des cacaoyers dans la région, qu'on savait les cultiver depuis longtemps, que seule l'aristocratie avait l'autorisation d'en abuser et que les hommes le trouvaient avantageux **au moment de** se glisser sous les draps. Il était amer et rendu largement impraticable par l'adjonction d'épices auxquels seuls les **palais** locaux savaient survivre. Mis en face de cet original aux vertus multiples, l'Occident n'allait pas tarder à chercher à le débrutaliser **jusqu'à en faire** le puissant élévateur de calories que l'on sait.

Pourtant, les Mexicains n'ont jamais renié le caractère archaïque de ses premières préparations et continuent à célébrer avec ferveur **les grandes messes** sombres qu'il entonne quand les femmes s'en emparent et le servent à la table nationale et **familiale**. C'est le *mole poblano* : la dinde, ou le poulet, au chocolat.

D'après
Jean-Pierre Quélin,
Le Monde, 14/8/96
[2273 signes, 370 mots]

On ne sait trop d'où il sort. Un survivant des cantines aztèques, **un plat de résistance** pour rebelles ? Ou bien faut-il croire cette jolie histoire de ce couvent de Puebla dont les religieuses **en panique**, visitées à l'improviste par leur évêque, tambouillent, dans la fièvre des folles de Dieu, le plat du siècle ? Mystère et boule de gomme. **Ce qui est certain**, c'est que, du nord au sud, avec variantes, il est, et reste, l'une des plus vibrantes traditions culturelles mexicaines.

Autant le salé a trouvé très tôt des **terrains d'entente** avec son vieux compagnon de combat, le sucre, autant le cacao **a** toujours **fait bande à part**, n'accordant ses faveurs qu'aux seuls pâtissiers. Sa mission est essentiellement de rendre honteuses les femmes encore minces, de récompenser les quelques enfants encore sages et de faire partir les hommes au combat avec un bref carré de réconfort dans la poche. Ce n'est déjà pas si mal. La gastronomie, il s'en fout. Sauf au Mexique, où là, pour lui, la servir est un devoir.

*sic. Vraisemblablement, briller comme des pépites d'or.

CHOCOLATE

Quetzalcoatl volvía del **destierro**. Moctezuma ofreció[1] chocolate a Cortés, al que los aztecas tomaron por una encarnación del príncipe **legendario**. Una entrada en materia poco **trivial**, pero el español lo aceptó con donaire; ya se dejaría para más tarde lo del oro y las matanzas. Tenía razón, porque entre sus dedos centelleaban los primeros ducados del tesoro.

No vamos a contar la historia del cacao. Digamos que había árboles del cacao en la región, que se conocía su cultivo desde hacía mucho tiempo, que sólo la aristocracia estaba autorizada para hacer uso y abuso de ellos, y que los hombres encontraban que les favorecía **en el momento de** meterse entre las sábanas. Era amargo y casi intragable porque se le añadían especias que sólo los **paladares** del lugar sabían cómo resistir[2]. Al verse ante este personaje original de múltiples virtudes, el Occidente no iba a tardar en desbastarlo **hasta convertirlo en** el poderoso factor de aumento de calorías que todos conocemos.

Sin embargo, los mexicanos nunca han renegado del carácter arcaico de sus primitivas preparaciones, y siguen celebrando con fervor las **misas mayores** que el chocolate canta cuando las mujeres se apoderan de él y lo sirven en la mesa nacional y **familiar**. Se trata del mole poblano[3], es decir del pavo o del pollo con chocolate.

No se sabe a ciencia cierta de dónde viene. ¿Es acaso un superviviente de las cantinas aztecas? ¿Fue un **plato fuerte** para gente rebelde? ¿O bien hay que dar crédito a la hermosa leyenda de aquel convento de Puebla? ¿Es verdad que sus monjas, al recibir de improviso[4] la visita de su obispo, fueron **presas**[5] **de pánico** y aprisa y corriendo guisotearon el plato del siglo con la febrilidad de las místicas? Misterio ¡Quién sabe! ... **Lo que sí es cierto** es que, de norte a sur y con variantes, es y sigue siendo una de las tradiciones culturales mejicanas más vibrantes.

Si los manjares salados encontraron pronto **terrenos de compromiso** con el azúcar — su viejo compañero de combate—, en cambio el cacao siempre **hizo bando aparte** y sólo concedió sus favores a los pasteleros. Su misión consiste esencialmente en hacer que las mujeres que aún están delgadas se avergüencen de ello, en recompensar a los pocos niños buenos que quedan todavía, y en hacer que los hombres se vayan al combate con una menuda onza de consolación en el bolsillo. Todo esto no está tan mal. Pero al cacao le importa un comino[6] la gastronomía, excepto en México donde tiene precisamente el deber de estar a su servicio.

¡ Cuidado !

1 Se adopta aquí el pasado en aras de una mejor coherencia con el verbo inicial del texto.

2 Construcción: resistir algo (*no resisto este calor*), resistirse a hacer algo (*me resisto a creerlo*).

3 Poblano: de la ciudad mejicana de Puebla.

4 Var.: de repente, a la improvista.

5 Es sustantivo (por ejemplo, *ave de presa*) y por lo tanto su género es invariable: *Los muchachos huyeron presas de pánico. El público, presa de indignación, protestó.*

6 Var.: Importar un rábano, un pito, un bledo, un pepino, etc.

24 LE DÉCRYPTAGE DES HIÉROGLYPHES DE L'ÎLE DE PÂQUES DIVISE LES LINGUISTES

Christiane Galus,
Le Monde, 29/8/96
[5978 signes, 930 mots]

En dépit de plusieurs travaux récents de chercheurs américains et russes, l'écriture des anciens **Pascuans**, le Rongo Rongo, **reste indéchiffrable** depuis la disparition de **l'aristocratie de l'île** seule capable de la lire.

Dans leur petit monde clos battu par les flots, perdu en plein océan Pacifique à 4 000 kilomètres des terres les plus proches, les anciens habitants de l'**île de Pâques** s'étaient forgé une écriture : le Rongo Rongo. On n'en connaît que vingt et une tablettes dispersées dans plusieurs musées à travers le monde. Depuis leur découverte, au XIXe siècle, linguistes et ethnologues cherchent en vain à comprendre la signification des signes dont elles sont couvertes.

Les habitants actuels de l'île **ne peuvent leur être d'aucun secours**. Les maîtres spécialisés dans leur écriture — ou Maori Rongo Rongo — le roi, les aristocrates et toute **l'élite** de l'île furent, en effet, déportés en 1863 par des «négriers» **péruviens** comme main d'œuvre gratuite pour les carrières de guano. **Depuis plusieurs mois** cependant, les dernières tentatives de déchiffrement suscitent une belle empoignade scientifique.

La tradition orale prétend que ces tablettes de bois ont été apportées par **le premier roi fondateur**. La première de celles connues des chercheurs fut offerte en cadeau, en 1868, à l'archevêque de Tahiti. Les signes qui y sont gravés représentent des oiseaux, des poissons, des **crustacés**, les plantes ou des objets variés.

Caractérisées par «un étrange symbolisme, écrit l'ethnologue francais Alfred Métraux, ces figures combinent **les éléments les plus disparates** : des corps humains se terminant par des motifs géométriques, des triangles ou des **losanges** agrémentés d'oreilles, des mains accolées à des barres, des hommes pourvus d'attributs animaux.»

Le 18 janvier, un linguiste américain travaillant en Nouvelle-Zélande, Steven Fischer, ouvre le feu et propose une explication de ces signes dans un article de la revue britannique *Nature* intitulé «Making sense of rongorongo». Sa «pierre de Rosette» est un sceptre de 1,26 mètre de long et 6,5 centimètres de large appelé *Bâton de Santiago*, et qui a appartenu à un chef de l'île, un ariki.

En étudiant les signes inscrits sur le sceptre, !e chercheur découvre que le texte est subdivisé en quatre-vingt-dix-sept signes verticaux et que chaque glyphe qui commence une nouvelle division est suivi d'un motif phallique. Il observe aussi que ces divisions sont **rythmées** par des triades «x y z». **Faisant le rapprochement avec** un ancien chant de la création pascuan, Atua Mata Riri, il apporte une explication à ces triades qui signifieraient, **selon lui** que «x accouplé à y a engendré z». Le *Bâton de Santiago*, structuré en mots, serait un chant sur la création du monde. Un événement décrit par les anciens **Polynésiens** en termes de copulation cosmogonique.

EL DESCIFRAMIENTO DE LOS JEROGLÍFICOS DE LA ISLA DE PASCUA DIVIDE A LOS LINGÜISTAS

A pesar de varios trabajos recientes de investigadores norteamericanos y rusos, el *rongo rongo* —la escritura de los antiguos **pascuences— sigue siendo indescifrable** tras la desaparición de la **aristocracia isleña**, que era la única capaz de leerlo.

A 4000[1] kilómetros de la tierra más cercana, en su minúsculo universo cerrado asaltado por las olas y perdido en medio del Pacífico, los habitantes de la **isla de Pascua** habían creado una escritura llamada el rongorongo. De ella tan sólo se conocen veintiuna tablillas diseminadas por unos cuantos museos del mundo. Desde su descubrimiento en el siglo XIX[2], lingüistas y etnólogos tratan en vano de comprender el significado de los signos con que están cubiertas.

Los actuales habitantes de la isla **no pueden ayudarles en modo alguno**, porque las personas duchas[3] en su lectura —*maori rongo rongo*, o sea el rey, los aristócratas y toda **la elite** de la isla— fueron deportadas en 1863[4] por «negreros» **peruanos** para servir de mano de obra en los yacimientos de guano. No obstante, **desde hace varios meses** las últimas tentativas de desciframiento han provocado una buena agarrada entre científicos.

La tradición oral pretende que estas tablillas de madera fueron traídas por **el primigenio rey fundador**. En 1868[5] fue regalada al arzobispo de Tahití la primera de las que conocen los investigadores, y los signos grabados en ella representan pájaros, peces, **crustáceos**, plantas y diversos objetos.

El etnólogo francés Alfred Métraux ha escrito que estas figuras se caracterizan por «[su] extraño simbolismo y por combinar **elementos de lo más inconexo**, como cuerpos humanos que terminan en motivos geométricos, triángulos o **rombos** adornados con orejas, manos pegadas a barras y hombres provistos de atributos animales».

Fue Steven Fischer, un lingüista norteamericano que trabaja en Nueva Zelanda, quien rompió el fuego el 18 de enero, al proponer una explicación de estos signos en un artículo publicado en la revista británica *Nature* e intitulado «Making sense of rongorongo». Su «piedra de Roseta» es un cetro de 1,26 m de largo por 6,5 cm de ancho[6], que se ha denominado *Bastón de Santiago* y que perteneció a un *ariki*, es decir a un jefe de la isla.

Al estudiar los signos inscritos en el cetro, este investigador ha descubierto que el texto lo subdividen noventa y siete signos verticales, y que los glifos con los que se inicia una nueva división van seguidos de un motivo fálico. También ha observado que estas divisiones están **acompasadas** por unas tríadas «x y z»[7]. **Relacionando esto con** el *Atua Mata Riri*, un antiguo canto pascuence de la creación, ha aportado una explicación de estas tríadas que, **a su parecer**, significarían que «'x' apareándose con 'y' engendró a 'z'». Según él, el *Bastón de Santiago* estaría estructurado con palabras y sería un canto sobre la creación del mundo, que es un acontecimiento descrito por los antiguos **polinesios** en términos de copulación cosmogónica.

¡ Cuidado !

1 Cuatro mil.
2 Diecinueve.
3 Var.: expertas, avezadas.
4 Mil ochocientos sesenta y tres.
5 Mil ochocientos sesenta y ocho.
6 Un metro y veintiséis centímetros de largo por seis centímetros y medio de ancho.
7 Pronunciar: equis, i griega, zeta.

Cette explication **ne satisfait pas, loin s'en faut**, tous les spécialistes de l'île de Pâques. Ces triades «font **bégayer** les Pascuans à l'infini», remarque Michel Orliac, archéologue au laboratoire d'ethnologie préhistorique du Centre national de la recherche scientifique (CNRS).

Konstantin Pozdniakov, chercheur au musée d'anthropologie et d'ethnographie de l'Académie des sciences de Russie, à Saint-Petersbourg, a exposé ses derniers travaux lors d'un colloque réuni récemment à **Bordeaux** (où se tient actuellement une exposition sur «l'île mystérieuse»).

Après sept ans de travail, ce scientifique a identifié quatre-vingts suites de signes, communes à plusieurs tablettes. A partir de là, il a déterminé des signes qui sont des variantes les uns des autres. Le chercheur a aussi **repéré** deux ou trois signes initiaux et trois ou quatre signes finaux, sortes de ponctuation, qui apparaissent régulièrement dans ces suites.

Puis, il a confronté statistiquement les signes des tablettes avec la langue pascuane, et **a pu constater** que la fréquence des signes écrits et celle des syllabes parlées ont des distributions semblables. Il en conclut que les signes Rongo Rongo sont une vraie écriture à base de syllabes, et non de mots. Car «le nombre des signes est trop grand pour que cela soit des éléments alphabétiques, et trop petit pour qu'il s'agisse de mots» explique-t-il.

Konstantin Pozdniakov espère pouvoir décrypter bientôt **les** quarante-cinq premiers **signes les plus fréquents**. Mais, **contrairement à** Steven Fischer, il se défend vigoureusement d'avoir percé le mystère de l'écriture pascuane. Ses travaux doivent être publiés dans la *Revue des Océanistes* d'octobre 1996.

Mais, comme **pour compliquer encore le paysage**, sa collègue Irina Fédorova, qui travaille dans la même institution, a récemment avancé une autre thèse, après avoir terminé une tentative de lecture et de traduction de deux tablettes appartenant au Musée de Léningrad.

Pour elle, les textes sont composés de deux cents signes seulement, et ne peuvent être assimilés à une écriture syllabique. Le nombre réduit de signes s'expliquerait par l'homonymie caractéristique de l'ancienne langue pascuane. C'est ainsi que, selon elle, le même signe représente un lézard, et une espèce de tubercule. Irina Fédorova considère que les deux tablettes qu'elle a étudiées retracent des chants rituels accompagnant les cérémonies de plantation et de récolte.

L'avenir départagera peut-être ces trois chercheurs. **A moins que la solution ne vienne d'ailleurs**. Une autre hypothèse fait, en effet, remonter **l'origine** de cette écriture à l'occupation espagnole. En 1870, lors de la signature du traité marquant **la prise de possession** de l'Espagne sur l'île, les chefs pascuans ont contresigné le document **à l'aide de signes**. Cela fait dire à certains qu'**ils «ont singé** l'écriture des Espagnols».

Une affirmation qui fait bondir d'indignation Michel Panoff, responsable du département d'Océanie du Musée de l'Homme. «C'est faire bien peu de cas de la finesse et de la créativité des Pascuans», s'exclame-t-il.

Esta explicación **no satisface ni mucho menos a** todos los especialistas de la isla de Pascua. Michel Orliac, arqueólogo del Laboratorio de Etnología Prehistórica del Centro Nacional de Investigación Científica de Francia (CNRS), dice que con estas tríadas «se hace **tartamudear** infinitamente a los pascuences».

Konstantin Pozdniakov, investigador del Museo de Antropología y Etnografía de San Petersburgo perteneciente a la Academia de Ciencias de Rusia, ha expuesto sus últimos trabajos durante un coloquio celebrado recientemente en **Burdeos**, donde se celebra una exposición sobre esta «isla misteriosa».

Después de siete años de trabajo, este científico ha identificado ochenta series de signos que varias tablillas tienen en común, y a partir de ahí ha determinado algunos que son variantes recíprocas. Este investigador también ha **localizado** dos o tres signos iniciales y tres o cuatro finales, que son una especie de puntuación y aparecen regularmente en las series estudiadas.

Luego ha efectuado una comparación estadística de los signos de las tablillas con la lengua pascuence, y **ha podido comprobar** que las frecuencias de los signos escritos y las sílabas habladas tienen distribuciones similares. De ahí ha sacado la conclusión de que los signos del *rongo rongo* constituyen una auténtica escritura a base de sílabas y no de palabras, porque, como él mismo explica, «el número de signos es demasiado elevado para que sean elementos alfabéticos, y demasiado pequeño para que se trate de palabras».

Konstantin Pozdniakov espera poder descifrar pronto **los** cuarenta y cinco **signos más frecuentes**. Pero, **a diferencia de** Steven Fischer, niega firmemente que haya penetrado el misterio de la escritura pascuence. Sus trabajos van a ser publicados en el número de octubre de 1996[8] de la *Revue des Océanistes.*

Para complicar todavía más el panorama, una colega suya que trabaja en la misma institución, Irina Fedorova, ha mantenido recientemente una tesis distinta, después de haber finalizado una tentativa de lectura y traducción de dos tablillas pertenecientes al Museo de Leningrado.

Ella opina que los textos se componen de doscientos signos solamente, y que por lo tanto sus caracteres no pueden asimilarse a los de una escritura silábica. El reducido número de signos podría explicarse por la homonimia característica del antiguo idioma pascuence. Y así tenemos, según afirma, que el mismo signo representa un lagarto y una especie de tubérculo. Irina Fedorova piensa que las dos tablillas estudiadas por ella refieren cantos rituales para acompañar las ceremonias de plantar y cosechar.

Quizás el futuro dé la razón a uno de los tres investigadores, **a no ser que la solución venga por otro lado**. En efecto, según otra hipótesis **el origen** de esta escritura parece remontarse a la ocupación española. Cuando en 1870[9] se firmó el tratado para sellar **la toma de posesión** de la isla por parte de España, los jefes pascuences refrendaron por escrito el documento **valiéndose de signos**. Y por ello algunos afirman que «**remedaron** la escritura de los españoles».

Esta afirmación hace estallar de indignación al director del Departamento de Oceanía del Museo del Hombre de París, Michel Panoff, que dice con vehemencia: «Eso es hacer muy poco caso de la sutileza y creatividad de los pascuences».

¡ Cuidado !

8 Mil novecientos noventa y seis.

9 Mil ochocientos setenta.

25

EN DEÇÀ ET AU-DELÀ DES PYRÉNÉES

Depuis la découverte de l'Amérique, les Espagnols **n'ont pas lésiné sur les guerres**, quoique presque jamais à domicile (où **ils se sont**, **il est vrai**, **rattrapés** avec les guerres civiles). Du coup, Napoléon, seul **envahisseur**, fait figure de grand méchant, de plus grand méchant possible, et les Français sont vite soupçonnés d'en être, **aujourd'hui encore**, des sortes de complices posthumes. La démagogie contre les Français (les *gabachos*, comme les désigne un terme très injurieux) **est loin d'être rare** dans la presse espagnole. Une enquête d'opinion récente montrait les Français au zénith de l'antipathie parmi les étrangers...

Les choses ne sont pas si simples, bien sûr. La France, plus prospère et longtemps plus libre, est **en même temps** admirée et enviée. Avec l'Italie, l'Espagne reste le pays au monde où la culture française est le mieux connue — un pays où **le français est assez pratiqué pour qu**'un non-hispanisant ne s'y trouve pas irrémédiablement perdu. Et malgré le lâchage de la République espagnole, la France a trop longtemps servi de miroir différentiel aux progressistes espagnols **pour que cela n'ait pas laissé des traces**.

Mais, même chez **les libéraux les plus ouverts**, Napoléon — et la superbe française, notre tare quasi génétique — a du mal à passer. **La chose n'est pas nouvelle**. Francisco de Goya, génie progressiste et *afrancesado*, est aussi le peintre de la révolte antifrançaise. Il convient de garder l'un et l'autre bout de la pelote quand on passe les Pyrénées.

Gérard Dupuy,
Libération, 13/4/92
[1522 signes, 247 mots]

A UNO Y OTRO LADO DE LOS PIRINEOS[1]

Desde el descubrimiento de América los españoles **no han escatimado las guerras** con los demás, aunque casi nunca tuvieron lugar en su propia casa, donde **a decir verdad se resarcieron** con sus guerras civiles. Por eso a Napoleón, su único **invasor**, le consideran como el mayor de los malvados habidos y por haber, y enseguida recelan que los franceses son una especie de cómplices póstumos suyos **aún hoy en día**. En la prensa española, la demagogia contra los franceses (designados con el vocablo sumamente insultante de *gabachos*) **dista mucho de escasear**. Una reciente encuesta de opinión mostraba que son los franceses quienes se llevan la palma[2] de la antipatía entre los extranjeros...

Claro que esto no es tan sencillo como parece. Se admira y envidia **a la vez** a Francia por ser un país más próspero y por haber sido durante largo tiempo más libre. España sigue siendo con Italia el país del mundo donde mejor se conoce la cultura francesa, y donde **se habla el francés lo bastante como para que** no se encuentre irremediablemente perdido el que no hable español. Y a pesar de que abandonó a la República Española a su suerte, Francia ha servido de espejo de diferencias a los progresistas españoles durante un tiempo demasiado prolongado **como para que no haya dejado huellas**.

Pero incluso **los liberales más abiertos** tragan a duras penas a Napoleón y la soberbia francesa —nuestra tara casi genética. **Esto no es ninguna novedad**. Francisco de Goya, el genio progresista y afrancesado, fue también el pintor de la sublevación contra los franceses. A la hora de cruzar los Pirineos, conviene estar al cabo[3] de todas estas cosas.

¡Cuidado!

1 Var.: aquende y allende los pirineos (forma más culta y literaria).

2 Var.: ganan a todos, son los primeros.

3 La expresión significa «haber entendido bien».

26

BOLIVIE : SAN-SEBASTIAN, PRISON, SOUK ET VILLE-CHAMPIGNON

SUJET

A l'intérieur et à l'extérieur de ***ce pénitencier*** *du sud du pays des détenus en surnombre* ***vendent tout****, y compris leurs cellules...*

D'après
Denis Hautin Guiraut,
Le Monde, 14/5/93
[3808 signes, 610 mots]

Ricardo Escobar vend des gâteaux, sur une petite place du centre de Cochabamba. Dans la capitale du Chaparé, dans le sud de la Bolivie, Ricardo est un personnage connu. **Non pas en raison de la qualité**, assez moyenne, de ses biscuits, **mais parce qu'il est** l'un des détenus de la prison de San-Sebastian, tout comme Luis, **le laveur de voiture**, ou Pedro, **le cireur de chaussures**. Le modeste bâtiment blanc devant lequel ils travaillent est un établissement pénitentiaire. Gardé par quelques militaires à l'entrée et par une porte relativement bien grillagée. Mais là s'arrête la ressemblance avec une quelconque autre prison du continent.

Une fois franchie l'enceinte du pénitencier, le visiteur se retrouve dans une cour surencombrée de meubles, niches, chaises et autres objets de bois en cours de fabrication. Une ruche dans laquelle **s'activent** plus de cinq cents personnes sur une surface d'à peine 900 mètres carrés. «Je ne dirige pas un établissement pénitentiaire, résume le capitaine Jorge Flores Arroyo, mais un souk». Dans le dédale des couloirs et escaliers en tous sens, se cachent des «buvettes», des magasins «de tout pour tous», des téléviseurs, des congélateurs et un atelier de menuiserie assez complet.

Les «cellules» sont rajoutées **au fur et à mesure** par les prisonniers dans les méandres d'un labyrinthe d'échelles de bois et de greniers. Le «souk» du capitaine est une **miniville**-champignon qui a pour nom «prison». Au quotidien, l'horreur de l'entassement (cinq cent trois prisonniers pour 115 «cellules») se mêle à la douceur d'**un capharnaüm** où sont admises les visites prolongées des familles, **femmes et enfants**. Le tout régi par des règles **aussi insensées qu'étranges** : les détenus doivent confectionner eux-mêmes leurs repas, ils s'achètent et se vendent **entre eux** leurs «cellules» à des prix variant entre 25 et 1 500 dollars. **D'où** la nécessité pour eux de travailler à l'intérieur de la prison, ou, s'ils en ont l'autorisation, à l'extérieur.

Ricardo vend donc ses gâteaux, Luis lave, Pedro cire, et la plupart des autres travaillent le bois. José Cossio fait même de la publicité sur le mur du pénitencier pour **vanter** «la réalisation rapide de tous travaux en bois tourné». Sur la place qui jouxte l'établissement, les militaires de garde veillent sur l'impressionnante production de niches, chaises et meubles mis en vente par les détenus. Ricardo s'était, au début de son incarcération, essayé à la vente de jeux électroniques, «mais **cela tourna court très vite**, mes compatriotes se sont lassés». Il avait ensuite tenté «d'ouvrir un pressing, grâce à l'achat à crédit d'une machine à laver, mais la poussière de la menuiserie posait des problèmes de séchage. **En définitive**, les gâteaux, c'est plus simple», résume-t-il.

SAN SEBASTIÁN (BOLIVIA).
CÁRCEL, ZOCO Y CIUDAD EN RÁPIDA EXPANSIÓN

Dentro y fuera de ***esta penitenciaría***[1] *del sur del país, los presos son demasiado numerosos y* ***lo venden todo****, hasta sus propias celdas.*

Ricardo Escobar vende pasteles en una placita del centro de Cochabamba. Es un personaje conocido en la capital del Chaparé, al sur de Bolivia, **no por la calidad** de sus bizcochos que es bastante mediocre, **sino por ser** uno de los presos de la cárcel de San Sebastián, lo mismo que Luis **el lavacoches** o Pedro **el limpiabotas**. El humilde edificio blanco ante el que trabajan es un centro penitenciario cuya entrada está custodiada por algunos militares y una puerta relativamente bien enrejada. Pero este es todo el parecido con cualquier otra prisión del continente.

Una vez que el visitante ha franqueado los muros de la penitenciaría, se encuentra en un patio archiatestado[2] de muebles, hornacinas, sillas y otros objetos de madera en curso de fabricación. Una colmena en la que **se afanan** más de quinientas personas en una superficie de 900[3] metros cuadrados apenas. El capitán Jorge Flores resume así la situación: «No dirijo un centro penitenciario sino un zoco». En el dédalo de pasillos y escaleras que van en todos los sentidos, se esconden «cantinas», tiendas «de todo para todos», televisores, congeladores y un taller de carpintería bastante completo.

Las «celdas» las van añadiendo los presos **paulatinamente** en los meandros de un laberinto de escaleras de madera, entreplantas y desvanes. El zoco del capitán es una **miniciudad** en rápida expansión que se llama «cárcel». En la vida diaria, se mezclan lo horrible del amontonamiento (quinientos tres presos para 115[4] celdas) y lo agradable de **un mare mágnum** en el que se admiten las visitas prolongadas de familias, **mujeres e hijos**. Todo ello está regido por reglas **tan insensatas como extrañas**: los detenidos tienen que cocinarse sus comidas, y se compran y venden **entre sí** sus propias «celdas» a precios que oscilan entre 25 y 1500[5] dólares. **De ahí** que necesiten trabajar dentro de la cárcel, o fuera de ella si están autorizados.

Así pues, Ricardo vende sus pasteles, Luis lava, Pedro embetuna y los demás son carpinteros en su mayoría. José Cossío llega incluso a hacer publicidad en la tapia de la penitenciaría para **pregonar** «la ejecución rápida de toda clase de torneados de madera». En la plaza adyacente a la prisión, los militares de guardia vigilan la impresionante producción de hornacinas, sillas y muebles vendidos por los detenidos. Al principio de su encarcelamiento, Ricardo había intentado vender juegos electrónicos pero «**aquello se malogró enseguida**, porque mis compatriotas se hartaron[6] de ellos». Luego, trató de abrir una lavandería con la compra a crédito de una lavadora, pero el serrín de la carpintería planteaba problemas para el secado de la ropa. **En resumidas cuentas**, dice que los pasteles son más sencillos.

¡ Cuidado !

1 Var.: este penal, esta cárcel.
2 El prefijo *archi* se usa familiarmente con el valor de *muy*. Se habla de algo *archisabido* por ejemplo. (Recuérdese asimismo el «*archipobre*» licenciado Cabra en el *Buscón* de Quevedo).
3 Novecientos.
4 Ciento quince.
5 Mil quinientos.
6 Var.: se cansaron, se hastiaron.

26

Dans la prison voisine des femmes, c'est une gigantesque laverie qui fonctionne. La cour est identique, mais **beaucoup moins peuplée** avec une centaine de prisonnières et une cinquantaine d'enfants. En son milieu trônent une dizaine de lavoirs. Tout autour, des centaines de jeans, **serviettes**, chemises et sous-vêtements attendent les bienfaits du soleil sur des fils tendus en tous sens. Jahel Bedia explique que «chacune à tour de rôle se voit confier 60 pièces de linge [apportées par des particuliers] pour un salaire de 30 bolivianos [35 francs environ]». Ce qui permet aux détenues de faire leur marché auprès des Indiennes qui viennent vendre quotidiennement des fruits et légumes et de la viande. «Dans leur cas, les cellules sont, dit Jahel Bedia, attribuées **à l'ancienneté**, et non pas vendues comme chez les hommes».

En la vecina prisión de mujeres, lo que funciona es una lavandería gigantesca. El patio es idéntico, **pero con mucha menos gente**: unas cien presas y unos cincuenta niños. En medio de él destacan diez lavaderos. Alrededor hay centenares de pantalones vaqueros[7], **toallas**[8], camisas y prendas de ropa interior que esperan la bendición del sol en cuerdas tendidas en todos los sentidos. Jahel Bedia nos explica que «a cada una se le dan por turno sesenta prendas [de las traídas por particulares] a cambio de un salario de treinta bolivianos[9]». Esto permite que las presas compren frutas, verduras y carne a las indias que vienen a venderlas a diario. Jahel Bedia nos dice también que «en el caso de las mujeres, las celdas se atribuyen **por antigüedad** y no se venden como en la cárcel de hombres».

¡ Cuidado !

7 Var.: tejanos.
8 Atención: la servilleta es la que se usa en la mesa, y la toalla en el baño.
9 En el texto español, no es menester poner el equivalente en moneda francesa (unos treinta y cinco francos).

27

JAKES, ÉTUDIANT BASQUE ET ESPAGNOL DE 22 ANS

Chaque lundi à la tombée du jour, Jakes est là, présent sur la **petite place** de la tour Luzea à Zarautz. Avec lui, rassemblées autour du buste d'un poète basque, deux cents à trois cents personnes silencieuses, unanimes, **déterminées**. Comme lui, comme des milliers de Basques réunis au même moment **pendant un quart d'heure** dans les quelque cent soixante villes et villages, comme la grande majorité de la population basque, tous réclament, sans un mot, sans un cri, par leur seule présence, la fin de la violence, des séquestrations, des assassinats, des mutilations. «Basta ya!» («ça suffit !»). En face, à quelques mètres, armés de mégaphones, des contre-manifestants, des radicaux, les insultent, les traitent de «fascistes, complices, traîtres, terroristes». Chez les pacifistes, personne ne bouge, ne réplique. Tous attendent sous les **quolibets**, les ricanements, que le quart d'heure passe, que leur témoignage de réprobation **aille jusqu'au bout**, impassible et ferme.

Le blindage est à toute épreuve, forgé par des années de lutte contre ceux qui sont persuadés de détenir la vérité, contre ces ayatollahs de l'intransigeance. Comme l'explique Jakes, en face, ce sont souvent des compagnons, des camarades d'école, des voisins, figés derrière ce **mur d'incompréhension** qui divise le peuple basque. «On se retrouve quand même dans les bars, on discute de foot, de filles, mais plus jamais de politique, car tout a été dit depuis longtemps dans ce pays où la politique est toujours vécue de façon dramatique et marque chaque habitant, chaque famille ; où tout le monde, ou presque, a été touché de près par presque trente années de violence», constate, **légèrement amer**, Jakes.

D'après
Michel Bôle-Richard,
Le Monde, 13/8/96
[3075 signes, 489 mots]

Grand, le regard rieur, **les épaules larges**, le pas déterminé et l'allure dégagée, Jakes Agirrezabal Iribar, vingt-deux ans, étudiant en droit, **fait partie** de cette nouvelle génération qui s'est levée contre le terrorisme. **Il l'a toujours côtoyé**, et **les murs** de Zarautz, cité de vingt mille habitants à 20 kilomètres de San Sebastian, en portent les manifestations : portraits d'*etarras* dont la libération est réclamée, affiches en faveur de la liberté pour l'*Euskal Herria* (Pays basque) et cette inscription en anglais : «This is not Spain». [...]

Personne ne peut à Jakes dénier **son attachement sans faille** à l'identité basque. Ce bâtiment de briques rouges fut son *ikastola* où, dès ses premières années, il a appris à s'exprimer en *euskera*, la langue utilisée dans sa famille et dans sa vie quotidienne. Basque, il l'est jusque dans chacune de ses cellules et estime nécessaire de défendre cet héritage culturel. Mais, pour lui être basque ne signifie pas être nationaliste, car «la culture basque est plurielle ; il faut conjuguer tout ce qu'il y a de bon dans ce pays, **que cela vienne d'ailleurs en Espagne** ou d'au-delà des frontières. Ne pas être nationaliste ne signifie pas ne pas être basque», s'insurge Jakes, qui proteste contre le côté réducteur et diviseur du nationalisme alors que lui prône l'hétérogénéité, qui est, dit-il, «plus enrichissante».

JAKES, UN ESTUDIANTE VASCO Y ESPAÑOL DE 22 AÑOS

Todos los lunes al atardecer Jakes está presente ahí, en la **plazuela** de la torre Luzea de Zarautz. Y junto con él unas doscientas a trescientas personas silenciosas, unánimes, **resueltas**, agrupadas en torno al busto de un poeta vascongado. Como él, como miles de vascos reunidos en el mismo instante **por espacio de un cuarto de hora**[1] en unas ciento sesenta ciudades y aldeas, como la gran mayoría de la población vasca, sin decir palabra y sin dar un grito, con su presencia exclusivamente, las personas agrupadas reclaman que acaben la violencia, los secuestros, los asesinatos y las mutilaciones. «Basta ya». A algunos metros de ellas, unos contramanifestantes extremistas provistos de megáfonos les insultan y les tratan de «fascistas, cómplices, traidores y terroristas». Entre los pacifistas no hay ni uno que se mueva o replique. Bajo los **denuestos** y las burlas, todos ellos esperan que transcurra el cuarto de hora y que su testimonio de reprobación impasible y firme **llegue a su término**.

Esa coraza suya a toda prueba la han forjado años de lucha contra los que están persuadidos de poseer la verdad, contra los ayatolás de la intransigencia. Jakes dice que enfrente hay a menudo amigos, compañeros de escuela y vecinos, petrificados detrás del **muro**[2] **de incomprensión** que divide al pueblo vasco. «A pesar de todo nos reunimos en los bares, hablamos de fútbol y de chicas, pero ya nunca más de política, porque hace mucho tiempo que ya se ha dicho todo lo que había que decir en este país, donde la política siempre se vive de manera dramática y deja marcados a todos sus habitantes y familias, y donde casi todo el mundo se ha visto afectado de cerca por casi treinta años de violencia.» — dice Jakes **con leve amargura**.

Jakes Aguirrezábal Iríbar es alto, de mirada alegre, **ancho de espaldas**, de andar decidido y aspecto desenvuelto, tiene veintidós años, estudia Derecho y **forma parte** de esta nueva generación que se ha alzado contra el terrorismo. Jakes **siempre se ha codeado con él**. En **las tapias** de este pueblo de Zarautz, que cuenta con veinte mil habitantes y se halla a veinte kilómetros de San Sebastián, se ven sus huellas: retratos de etarras[3] cuya liberación se reclama, carteles por la libertad de Euzkadi, y la siguiente pintada en inglés: *This is not Spain*. [...]

Nadie puede negarle a Jakes **su apego inquebrantable** a la identidad vasca. Este edificio de ladrillos rojos fue la *ikastola*[4] donde desde sus primeros años aprendió a hablar en *euskera*, la lengua usada en su familia y en la vida cotidiana. Jakes es vasco hasta la médula y considera necesario defender este patrimonio cultural. Pero, para él, ser vasco no significa ser nacionalista porque la «cultura vasca es plural, y hay que integrar todo cuanto hay de bueno en este país, **ya venga de otra parte de España** o del otro lado de las fronteras[5]. No ser nacionalista no significa no ser vasco» —dice Jakes indignado, protestando contra el aspecto reductor y divisivo del nacionalismo[6] y preconizando en cambio la heterogeneidad, que a su parecer es «más enriquecedora».

¡ Cuidado !

1 Var.: por un lapso de, durante.
2 En sentido figurado conviene usar *muro* y no *pared*. También se usa *muro* para designar el Muro de Berlín o el Muro de las Lamentaciones.
3 Militantes de la organización terrorista ETA [*Euzkadi eta Askatasuna = El País Vasco y la Libertad*].
4 Escuela para párvulos y de enseñanza primaria en lengua vascuence (euskera).
5 Se puede decir también *de allende las fronteras*, pero se trata de un uso literario.
6 Recuérdense al respecto las palabras *abertzal* (patriota, en vasco) y *abertzalismo*, que designan por regla general a los nacionalistas y al nacionalismo de tendencia radical.

28 LE SYNDROME DU DÉMÉNAGEMENT

SUJET

Bruno Frappat,
Le Monde, 15/3/93
[3977 signes, 637 mots]

Déménager expose à autant de plaisirs que de désagréments. On ne parle pas de la confection des paquets et des caisses de bouquins, des allées et venues dans l'escalier, ni des regards anxieux lancés sur les **déménageurs** qui s'emparent avec une force brutale des trésors du **patrimoine des familles**. Non, **le plus grand plaisir**, et la plus grande aigreur parfois, on les trouve dans les reliquats, ces objets ignorés et soudainement resurgis qui vous replongent dans un passé ensoleillé ou tristement automnal.

Quand viennent les ultimes moments, tous gros meubles disparus, avant de claquer une dernière fois la porte si souvent ouverte, il reste au sol, dans les dernières poussières, les témoins inavouables de quelques négligences : une souris morte qui reposait derrière le bahut jamais remué, la lettre laissée sans réponse et qui **avait glissé sous le radiateur**, **pièces à conviction** d'une gestion trop hâtive du décor des jours. Plus longtemps a été occupé le lieu que l'on quitte, plus nombreux et gênants sont ces **symptômes** d'une occupation qui ne fut pas toujours irréprochable.

La société française, qui est, comme chacun sait, une grande famille, est dans les transes d'un grand déménagement. Des palais nationaux vont changer d'occupants. Les futurs expulsés **renâclent**, mais ils le font sans illusion, sachant bien **qu'ils n'auront pas le dernier mot** et que la force publique (qui aujourd'hui a pour nom opinion) sera sans faiblesse. Mentalement, ils font leurs bagages. Et l'on voit surgir, derrière les **bureaux d'acajou**, sous les tapis épais et les moquettes silencieuses, bien des scories peu avouables. Tout se passe comme si un déménageur clandestin avait déjà sévi, ne laissant émerger, sur le sol jonché et les trottoirs publics, que des «affaires» anciennes, des documents cachés **depuis des lustres**, des vieux impayés, des lettres d'amours déçues, de vieux habits de fête **mangés par les mites**.

Le spectacle n'est guère ragoûtant, mais que peut y faire le spectateur, le badaud ? Détourner le regard, faire **comme si de rien n'était**, comme si tout ce qui était supposé n'avait pas d'intérêt au moment où cela devient établi ? On sent bien la lassitude gagner **l'auditoire** convoqué au déballage des vieilles nippes : c'est la surdose du chineur après quelques heures de fouille.

On peut, se rassurant, se dire qu'une souris morte sous un radiateur **ne résume pas** la vie d'une famille bourgeoise et généralement respectable. On peut se consoler en affirmant que, pour quelques zones de pourriture peu montrable, le logis était globalement sain, encore que les fissures aient poussé à la décision de changer de local. On peut, hiérarchisant le réel, convoquer au tribunal des comparaisons la Bosnie souffrante, la Somalie où l'espoir n'est pas restauré, l'Europe inquiète aux millions de chômeurs, l'Inde explosive, la Russie vacillante et l'Afrique mourant **à petit feu**. Mais où a-t-on vu qu'un gros scandale console d'un petit ?

EL SÍNDROME DE LA MUDANZA

Mudarse es exponerse a tantos placeres como sinsabores. No nos referimos[1] a la preparación de paquetes y cajas con libros, ni a las idas y venidas en la escalera, ni tampoco a las angustiadas miradas lanzadas a los **mozos de cuerda** que se apoderan con fuerza brutal de los tesoros del **patrimonio familiar**. No, **el mayor placer**, y la mayor amargura a veces, son los que encontramos con los despojos, esos objetos ignorados que resurgen repentinamente y nos sumergen en un pasado lleno de sol o de tristeza otoñal.

Cuando llegan los últimos momentos y ya han desaparecido todos los muebles grandes, un poco antes de cerrar de golpe la puerta que tantas veces hemos abierto, quedan por el suelo y en medio de las últimas pelusas de polvo los inconfesables testigos de algunas negligencias, como un ratón muerto que yace detrás del aparador que nunca se movió, o la carta a la que nunca se respondió y que **se había escurrido por debajo del radiador**, es decir las **pruebas fehacientes** de una gestión demasiado apresurada del marco de la vida cotidiana. Cuanto más tiempo hemos ocupado el lugar que dejamos, tanto más numerosos y molestos son esos **síntomas** de una ocupación que no siempre fue irreprochable.

La sociedad francesa, que es una gran familia como todos sabemos, está viviendo la zozobra de una gran mudanza. Los edificios oficiales van a cambiar de huéspedes. Los futuros expulsados **rezongan** pero sin hacerse ilusiones, porque bien saben que **no se saldrán con la suya** y que la fuerza pública —hoy llamada opinión— no mostrará debilidad alguna. Ya están haciendo las maletas mentalmente. Y ya se están viendo surgir muchas escorias poco confesables detrás de los **despachos de caoba** y debajo de las gruesas alfombras y moquetas silenciosas. Parece como si un mozo de cuerda clandestino ya hubiese empezado a hacer estragos y sólo dejase a flote, desparramados por el suelo y las aceras públicas, «casos y cosas»[2] antiguos, documentos escondidos **desde hace lustros**, viejos recibos impagados, cartas de amores frustrados y viejos trajes de gala **apolillados**.

El espectáculo no es nada grato, pero ¿qué pueden hacer el espectador y el curioso? ¿Desviar la mirada y hacer **como si nada**? ¿Hacer como si todo lo que se había supuesto careciese de interés cuando llega a comprobarse? Se nota efectivamente que el cansancio gana a **la concurrencia** invitada a presenciar cómo se sacan a relucir los trapos sucios, es la sobredosis del rebuscador de antiguallas tras unas horas de haber estado hurgando en rastros o chamarilerías.

Para tranquilizarnos, podemos decirnos que un ratón muerto detrás de un radiador **no es el compendio** de la vida de una familia burguesa y respetable en general. Pese a la existencia de algunos rincones con inmundicias poco presentables, podemos consolarnos afirmando que el estado de la casa era globalmente sano, aunque la presencia de grietas haya incitado a cambiar de local. Y jerarquizando la realidad, uno puede también convocar ante el tribunal de las comparaciones a la doliente Bosnia, a Somalia donde la esperanza no se ha restaurado, a la inquieta Europa con sus millones de parados, a la explosiva India, a la vacilante Rusia, y a Africa que agoniza **a fuego lento**. ¿Pero dónde se ha visto que un gran escándalo sirva de consuelo de otro menor?

¡ Cuidado !

1 Hemos optado por traducir a lo largo del texto el «on» francés por *nosotros*. También es posible usar la forma uno + 3ª persona del singular del verbo.

2 Téngase en cuenta el juego de palabras con la polisemia de «affaires» en francés.

28

Sur quelle partie de la réalité publique faudrait-il **jeter un voile pudique sous le prétexte qu**'il y a, en effet, pires misères que nos affaires républicaines ? Qui tracerait la frontière intraversable séparant le dicible du cachable ? Le pouvoir politique ? La justice ? La police ? **Le dilemme** du journaliste est là : s'il cache, au nom de quoi ? S'il montre, **au nom de quoi** ? On lui reproche le moment choisi — mais il révèle quand il sait. Par définition, il ne peut le faire avant, et s' il attend, **de quel droit** ?

Le soupçon est partout dans l'esprit public, émoussé dans ses indignations et qui ne nous envoie pas dire que, après tout, **écouter des journalistes qui parlent au téléphone**, c'est un prêté pour un rendu. Pour nous faire comprendre que journalistes, **hommes politiques**, policiers, gendarmes, magistrats, vedettes de toute académie et professionnels de tous les pouvoirs, c'est bonnet blanc et blanc bonnet. Que tous ces gens s'arrangent entre eux pendant que souffre le populaire !

¿Sobre qué parte de la realidad pública sería menester **correr un púdico velo**[3], **so pretexto de que** hay efectivamente miserias peores que las de los asuntos de nuestra República? ¿Quién delimitaría la frontera infranqueable que deslinda lo que se puede decir y lo que se puede esconder? ¿El poder político? ¿La justicia? ¿La policía? Ahí está **el dilema** del periodista: si esconde, **¿a santo de qué**?; y si revela, ¿a santo de qué? Se le reprocha el momento escogido para la revelación, pero él la hace cuando sabe, ya que no puede hacerlo antes por definición. Y si espera, **¿con qué derecho** lo hace?

El recelo se da por doquier en el espíritu público, que se ha debilitado a fuerza de indignarse y no se priva de decirnos que al fin y al cabo **pincharle**[4] **los teléfonos a los periodistas** no es sino pagarles con su misma moneda. Para hacernos comprender que tanto montan, montan tanto[5], los periodistas como los **políticos**, policías, gendarmes, magistrados, figuras de primer plano de cualquier academia y profesionales de todos los poderes. ¡Que toda esa gente se las arregle entre sí mientras el pueblo sufre!

¡ Cuidado !

3 Var.: correr (echar) un tupido velo.

4 Se habla de las *escuchas telefónicas* y se dice *pinchar* un teléfono (cf. «Un pitico rarísimo, detrás otro ruido como de falso tono –ahí ya te pincharon el teléfono...», Zoé Valdés, *La nada cotidiana*, cap. 7). Un teléfono «limpio» es el que no está pinchado. («Escobar le pidió... el número de un teléfono limpio en Bogotá.» G. García Márquez, *Noticia de un secuestro*, pág. 309).

5 Alusión a la divisa de los Reyes Católicos (Tanto monta, monta tanto, Isabel como Fernando) que permite aproximarse al fondo y forma de la expresión francesa. Var.: olivos y aceitunos todos son unos.

29 UNE GUÉRILLA ENRACINÉE DANS LA FORÊT

Les zapatistes conjuguent lutte des classes et mysticisme ***indigène***.

A San Cristobal de Las Casas, on voit parfois passer, vêtu d'une seule tunique blanche et les cheveux jusqu'au bas du dos, le «Quatrième fils du Soleil», accompagné de sa femme Nu'uc (la Lune) et de ses deux fillettes. Il est l'un des derniers Indiens Lacandons — **ils sont estimés à quelques centaines** —, un des derniers à vivre à l'écoute du pouls de la forêt, à chasser avec des arcs et des flèches et à communier avec les antiques divinités mayas.

Surgi quasiment de **l'âge de pierre**, cet homme, **menacé de disparition**, est considéré par les Mayas comme un pur parmi les purs, l'un des derniers Indiens à refuser, du moins en théorie, d'être contaminé par la civilisation occidentale. Et c'est non loin des derniers refuges de ces Indiens Lacandons que s'est enraciné un autre refus, caché là encore au cœur de la même forêt subtropicale qui porte leur nom, mais nourri cette fois des dernières technologies multimédias et incarné par la figure du sous-commandant Marcos.

Entre ces Lacandons qui vivent encore à l'heure du jaguar dans une forêt mythique et les intellectuels de son entourage qui vivent à l'heure de l'Internet, le sous-commandant Marcos se voit comme un «pont». Un pont qui réunirait les antiques communautés mayas au monde urbain et moderne. **A l'image** du dernier medium qu'il met au point dans ce village sans eau ni électricité, un CD-Rom «grâce auquel on pourrait visiter la jungle lacandone, de la même façon que l'on peut visiter le Musée du Louvre.»

Jean-Pierre Perrin, *Libération*, 27-28/7/1996 [1584 signes, 268 mots]

UNA GUERRILLA ARRAIGADA EN LA SELVA

Los zapatistas[1] compaginan[2] la lucha de clases con el misticismo ***indígena***.

En San Cristóbal de Las Casas se ve pasar a veces **al** «Cuarto Hijo del Sol» acompañado por su mujer Nu'uc, la Luna, y sus dos hijitas. Va vestido tan sólo con una larga camisa blanca y lleva una cabellera que le llega hasta los riñones. Es uno de los postreros indios lacandones **—se calcula que quedan unos centenares—** y también uno de los últimos que vive a la escucha de los latidos del bosque, cazando con arcos y flechas y viviendo en comunión con las antiguas divinidades mayas.

A este hombre, que parece haber surgido casi de la **edad de piedra**[3] y **corre el peligro de desaparecer**, los mayas le consideran como un puro entre los puros, como uno de los últimos indios que rechaza[4] ser contaminado por la civilización occidental, al menos en teoría. Y no lejos de los últimos refugios de estos indios lacandones ha arraigado[5] otro rechazo[6], escondido también en el corazón mismo de la selva subtropical que lleva el nombre de ellos, pero que se nutre de las últimas tecnologías multimedia y se encarna en la figura del subcomandante Marcos.

Entre estos lacandones, que todavía viven a la hora del jaguar en una selva mítica, y los intelectuales del círculo de allegados del Subcomandante, que viven a la hora del Internet, Marcos se considera como un «puente» de unión entre las antiguas comunidades mayas y el mundo urbano moderno. **A imagen y semejanza** del último medio[7] de difusión al que está dando el último toque en una aldea sin agua ni electricidad: un CD-Rom «gracias al cual se podrá visitar la jungla lacandona de la misma manera que[8] se visita el Museo del Louvre».

¡ Cuidado !

1 Véase la nota 6, pág. 13.
2 Var.: combinan, asocian (*concilian* se aleja un poco del significado).
3 Se dice asimismo la edad de bronce y la edad de hierro.
4 Var.: se niega a.
5 Var.: enraizado.
6 Var.: negativa.
7 En el área audiovisual, *medio* es también traducción de la palabra «media». Se habla por ejemplo de *la imparcialidad de los medios*. Sinónimo: *los medios de comunicación de masas*.
8 Var.: del mismo modo que, igual que, como.

30

COLONIA DEL SACRAMENTO TENTE DE PRÉSERVER SA QUIÉTUDE

Philippe Duigou,
Le Monde, 29/8/96
[6043 signes, 964 mots]

Débarquer à Colonia, c'est d'emblée être transporté soixante ans en arrière. Dans les rues de la petite ville de l'Uruguay on croit parfois rêver. On pense assister à un défilé de voitures **de collection** sur l'avenue du Général-Flores, alors que ce sont les paysans de la campagne voisine qui viennent faire quelques courses à bord de Chevrolet modèle 1933. De l'autre côté de la chaussée, un homme descend d'**une Citroën** année 1928 en s'aidant du gigantesque marchepied. S'il est probable que l'Uruguay détient **le parc** automobile **le plus vétuste** au monde, Colonia concentre, à n'en pas douter, la plupart de ses modèles de collection.

On parle ici de taxes gouvernementales prohibitives ne permettant pas d'acquérir de nouveaux véhicules. Mais la mentalité conservatrice de la population n'est pas absente de ces choix. **Il faut se rendre à l'évidence**, le temps s'est arrêté à Colonia. **A l'image de** l'anachronique café-bar Da Costa, de son percolateur de légende à l'amoncellement de bouteilles d'alcool qui flirtent avec le plafond, noyées dans des **décennies** de poussière. Une ville en totale léthargie où la vie s'écoule au rythme du *mate de yerba*. Cette infusion d'herbe que l'on sirote à l'aide d'une paille de métal est ici un phénomène social, une véritable institution. Et chacun de déambuler à longueur de journée avec le thermos d'eau chaude sous le bras pour alimenter l'amère boisson nationale...

Alors comment ne pas comprendre la jubilation des **habitants de Buenos Aires** à se retrouver dans ce gros bourg hors du temps et véritable havre de paix ! A une heure de bateau de la capitale de l'Argentine, ils sont nombreux à traverser chaque fin de semaine le vaste estuaire du Rio de la Plata. **A la recherche de** la tranquillité que la mégalopole argentine ne peut leur offrir. Les suaves ondulations de la côte uruguayenne du département de Colonia avec ses plages en éventail ne sont pas, non plus, étrangères à ce déferlement de visiteurs. Mais, **plus que tout**, le rendez-vous avec l'histoire de la petite capitale provinciale prime.

Colonia del Sacramento, fondée en 1680 par les Portugais, est le premier établissement humain sur **la rive** gauche du Rio de la Plata.

Point stratégique, les constructions s'érigèrent sur la péninsule formée par la baie et le fleuve. Cette avancée portugaise, la seule incrustation en territoire espagnol, **s'éleva** gracieusement pour défier la ville hispanique de Buenos Aires, sur l'autre rive.

¡ Cuidado !

1 Mil novecientos treinta y tres. A continuación: mil novecientos veintiocho.
2 Var.: exorbitantes, carísimos.
3 Es decir la opción de no adquirir automóviles nuevos y conservar los modelos pasados de moda.
4 Var.: darse por vencido ante la evidencia.
5 Tratándose de proximidad en el espacio, no convienen aquí verbos como *flirtear* o *coquetear.*
6 Var.: enterradas.
7 Cuidado: *década* en español equivale tanto a un periodo de 10 días como de 10 años, y por ello podría convenir aquí. Nótese en cambio que el vocablo francés *décade* designa exclusivamente un lapso de 10 días.
8 Este americanismo designa la caña o cánula metálica delgada con la que se absorbe el mate.
9 *Cebar*, como americanismo, significa echar una y otra vez agua caliente en la yerba mate para obtener la

COLONIA DEL SACRAMENTO INTENTA PRESERVAR SU TRANQUILIDAD

De entrada, **desembarcar en** Colonia es como verse transportado cincuenta años atrás. En las calles de esta pequeña ciudad de Uruguay, uno creería estar soñando a veces. Creería estar presenciando un desfile de coches **para coleccionistas** por la Avenida del General Flores, cuando sólo se trata de campesinos de la vecina campiña que vienen de compras montados en Chevrolets modelo 1933[1]. Al otro lado de la calzada, un hombre se baja de **un Citroen** del año 1928 apoyándose en su gigantesco estribo. Aunque es probable que Uruguay posea **el parque** de automóviles **más vetusto** del mundo, no cabe duda de que en Colonia se concentra la mayoría de los modelos antiguos.

Aquí se habla de los impuestos gubernamentales prohibitivos[2] que impiden la compra de nuevos vehículos. Pero la mentalidad conservadora de la población tiene algo que ver con esta opción[3]. **Hay que rendirse ante la evidencia**[4]: el tiempo se ha parado en Colonia, **a imagen y semejanza de**l anacrónico café bar Da Costa, de su legendaria cafetera, y del montón de botellas de alcohol que rozan[5] con el techo y están sepultadas[6] bajo **decenios**[7] de polvo. Una ciudad completamente aletargada donde la vida fluye al ritmo del mate de yerba, la infusión que se sorbe con una bombilla[8] metálica y que aquí es un fenómeno social y una auténtica institución. Todo el mundo deambula a lo largo del día con el termo de agua caliente bajo el brazo para cebar[9] la amarga bebida nacional...

Cuán comprensible resulta entonces el júbilo de los **porteños**, cuando se encuentran en este pueblo grande que está fuera del tiempo y es un verdadero remanso de paz. Como está a una hora de barco de la capital de Argentina, son numerosos los que cruzan cada fin de semana el vasto estuario del Río de la Plata **en pos de**[10] la tranquilidad que la gigantesca metrópoli[11] argentina no les puede ofrecer. Las suaves ondulaciones de la costa uruguaya del departamento de Colonia y sus playas en abanico tampoco son ajenas a esta oleada de visitantes. Pero lo que cuenta **ante todo** es la cita con la historia de la pequeña capital provinciana.

Colonia del Sacramento fue fundada en 1680[12] por los portugueses, y es el primer asentamiento humano de **la margen**[13] izquierda del Río de la Plata. Por ser un lugar estratégico, se fueron erigiendo construcciones en la península formada por la bahía y el río. Este punto avanzado portugués fue el único enclave en territorio español y **se irguió**[14] airosamente para desafiar a la ciudad hispana de Buenos Aires situada en la otra orilla.

infusión.

10 Var.: en busca de, a la búsqueda de.

11 El singular de esta palabra puede ser *metrópoli* o *metrópolis*.

12 Mil seiscientos ochenta.

13 Palabra de género ambiguo. Suele usarse el masculino para referirse a cierto espacio de una página (se habla de *notas al margen*) o al sentido figurado de espacio libre (*el margen de maniobra*). Se encuentra asimismo en expresiones como *al margen del debate*. El femenino se emplea con frecuencia para designar la orilla de un río o un camino: *las márgenes del Ebro*.

14 Cuidado con la conjugación de *erguir*, verbo irregular en el presente y el pretérito indefinido del indicativo, así como en los modos subjuntivo e imperativo. Recuérdese el gerundio: *irguiendo*. Véase también la nota 1, pág. 120.

30

Colonia alimenta pendant un siècle la pomme de discorde entre l'Espagne et le Portugal. Les deux **puissances** combattirent **sans relâche**. Colonia fut quatre fois portugaise et autant espagnole. Ainsi, l'orgueilleuse Espagne du XVIIe siècle ne pouvant tolérer cette possession épisodique du vieil ennemi péninsulaire, fonda, sur la même côte, la **puissante** ville de Montevideo.

Un traité, en 1777, **mit fin à** de longues années de lutte et Colonia passa définitivement dans des mains hispaniques. Avant de devenir uruguayenne en 1828. Les caractéristiques de la région, vaste étendue de monts et de forêts, irriguée de rivières, furent décisives, **non seulement** pour les conquistadors espagnols et portugais, **mais aussi** pour **les courants** migratoires européens de la première moitié du XIXe siècle, et particulièrement les Suisses et les Piémontais. Le département, agricole, recense notamment le village de Colonia Suiza (Colonie suisse), spécialisé dans la fabrication du fromage...

En 1973, Colonia ressort d'entre ses ruines avec les travaux de reconstruction du quartier historique. Afin que Colonia del Sacramento renaisse encore une fois. Chaque pierre, chaque tuile est redécouverte pour que chante son histoire et que résonnent à nouveau ses **ruelles** pavées. La Colonia d'aujourd'hui conserve des témoignages clairs, palpables, émotionnels, du passé. Elle est assurément une des structures urbanistiques de la Plata que les Uruguayens, mélancoliques, appellent «abuelita de la patria» (petite grand-mère de la patrie). Elle garde en son **centre historique** un riche héritage culturel. Ce qui devrait la voir rejoindre prochainement le patrimoine mondial classé par l'Unesco.

La particularité du quartier colonial sont ses ruelles étroites de pierre à l'état brut, avec la conduite de vidange **au milieu**. Une réalisation à mettre à l'actif des Portugais. Le tracé en forme de **labyrinthe** et les courbes répétées s'opposent au dessin soigné des villes espagnoles. Pour goûter l'horizon sur le Rio de la Plata à l'heure du crépuscule, il faut se déplacer jusqu'au promontoire. Et apprécier, **en passant**, le clair-obscur des ombres projetées sur les murs **trois fois centenaires**. De nuit, à la lueur des lanternes, le quartier historique prend une tout autre dimension. Un mélange de poésie et de magie.

Aujourd'hui, l'histoire se paie en monnaie argentine et **les prix flambent**. **Sous le charme du lieu**, les Argentins se sont résolus à **investir** leur argent dans les habitations du quartier colonial. Tant il est vrai que la ville de Colonia a tous les éléments pour se convertir en un des grands points d'attraction du tourisme de proximité.

Le projet du pont, vieux de dix ans, entre les deux rives du fleuve à hauteur de Buenos Aires et Colonia, **est plus que jamais à l'ordre du jour**. Actuellement, une commission en étudie la faisabilité et la rentabilité. Si le projet venait à se concrétiser, on peut penser qu'il permettrait à Colonia de sortir de sa torpeur. Dans l'hypothèse où cela constitue une attente.

S'il est indéniable que l'apport touristique reste vital pour Colonia, les 25 000 habitants demeurent farouchement opposés à cette initiative qui viendrait à jamais bousculer les us et coutumes. La peur de l'invasion hante les esprits Et l'on réfute l'idée que Colonia puisse **à moyen terme** se métamorphoser en un quartier de Buenos Aires. Aussi pense-t-on déjà aux éléments de protection possibles.

Durante un siglo, Colonia fue la manzana de la discordia entre España y Portugal. Las dos **potencias** se combatieron **sin descanso**. Colonia fue cuatro veces portuguesa y otras tantas española. Por eso, la orgullosa España del siglo XVII[15] no pudo tolerar esta posesión episódica del ancestral enemigo peninsular y fundó en la misma costa la **poderosa** ciudad de Montevideo.

En 1777[16], un tratado **puso término** a largos años de lucha y Colonia pasó definitivamente a manos españolas para convertirse después en ciudad uruguaya, en 1828. La geografía de la región —una vasta extensión de montes y bosques regada por ríos— fue decisiva **no sólo** para los conquistadores españoles y portugueses **sino también** para **las corrientes** migratorias europeas de la primera mitad del siglo XIX, y en especial para los suizos y los piamonteses. El departamento es agrícola y comprende en particular el pueblo de Colonia Suiza, que está especializado en la fabricación de queso...

En 1973, Colonia resurgió de sus ruinas con las obras de reconstrucción de su barrio histórico. Para que Colonia de Sacramento renaciese una vez más, se desempolvaron cada piedra y cada teja a fin de que[17] su historia vibrase y sus **callejuelas** pavimentadas resonasen[18] de nuevo.

La Colonia de hoy conserva vestigios del pasado claros, palpables y emotivos. Sin duda es una de las más antiguas estructuras urbanísticas de la Plata, y los uruguayos la llaman con melancolía «abuelita de la patria». Conserva en su **casco histórico** una rica herencia cultural, por lo que debería incorporarse pronto a la lista del patrimonio mundial de la UNESCO.

La particularidad del barrio colonial consiste en sus estrechas calles de piedra sin labrar con el albañal[19] **en medio**, cuya realización es una obra meritoria de los portugueses. El trazado en forma de **laberinto** y el serpenteo de las calles contrastan con el cuidado diseño de las ciudades españolas. Para disfrutar del panorama crepuscular del Río de la Plata, hay que desplazarse hasta el promontorio y apreciar **de paso** el claroscuro de las sombras que se proyectan sobre las paredes **tricentenarias**. Por la noche, a la luz de los faroles, el barrio histórico cobra una dimensión muy distinta, mezcla de poesía y magia.

Hoy la Historia se paga con moneda argentina y **los precios se disparan**. Los argentinos, **hechizados por el encanto del lugar**, se han resuelto a **invertir** dinero en las casas del barrio colonial. Bien es verdad que la ciudad de Colonia reúne todos las condiciones[20] para convertirse en uno de los grandes puntos de atracción del turismo circunvecino.

El proyecto de puente entre las dos orillas del río, a la altura de Buenos Aires y Colonia, ya data de hace diez años y **está más que nunca a la orden del día**[21]. En la actualidad, una comisión está estudiando su viabilidad y rentabilidad. Si el proyecto llegara a concretarse, cabe pensar que permitiría a Colonia salir de su sopor[22], suponiendo que tal sea su deseo.

Porque **si bien es innegable que** el aporte de los turistas sigue siendo vital para Colonia, sus 25.000[23] habitantes siguen oponiéndose vehementemente a esta iniciativa que cambiaría de arriba abajo sus usos y costumbres. El miedo a la invasión es obsesivo, y todos se niegan a admitir la idea de que Colonia pueda convertirse **a medio plazo** en un barrio de Buenos Aires. Por eso, ya se está pensando en posibles elementos de protección.

¡ Cuidado !

15 Siglo diecisiete.
16 Mil setecientos setenta y siete. A continuación: mil ochocientos veintiséis; siglo diecinueve; mil novecientos setenta y tres.
17 Var.: con el fin de que.
18 Var.: vibrara... resonaran.
19 Var.: arroyo.
20 Var.: todos los requisitos.
21 Cuidado: no confundir con *el orden del día* (masculino), que es el temario de asuntos a tratar en una reunión. Por ejemplo: *el orden del día del Congreso de Diputados, de la Junta General de Accionistas,* etc.
22 Var.: letargo (palabra masculina en español).
23 Veinticinco mil.

31 REMOLINO, «VILLAGE-COCA» DE COLOMBIE

D'après Alain Abellard, *Le Monde*, 1/8/96
[2175 signes, 354 mots]

Au cœur de l'Amazonie, les villages se sont imposés **au fil des années** et des opportunités, comme les lieux où s'organisent **la culture de la coca** et la production de la pâte-base.

Les narcotrafiquants ou leurs intermédiaires viennent eux-mêmes prendre livraison de la précieuse **matière première** pour fabriquer, un peu plus loin encore dans leurs laboratoires, le chlorhydrate de cocaïne. Dans les «zones frontières», les escarmouches entre l'armée et la guérilla sont fréquentes, **voire** quotidiennes, surtout depuis que le gouvernement a entrepris d'éradiquer les cultures illicites (coca, pavot, marijuana). Ainsi, le village de Remolino, sur le Rio Caguan, vit-il de la coca à 100 % et **vingt-quatre heures sur vingt-quatre**. A huit heures de bateau de San Vicente de Caguan, il ne figure que sur les cartes de l'armée et de la police (...).

Ce qui n'empêche pas les paysans de la coca de venir vendre, chaque dimanche à Remolino, 1 tonne de pâte-base (...).

Chaque fin de semaine, les chemins boueux de Remolino — 3000 habitants — commencent à s'animer. Le dimanche, jour de marché, le village se peuple d'une foule qui erre, le **sac en bandoulière**, en attendant l'heure des tractations. Sac léopard dans une main, **machette** amazonienne dans l'autre, un vendeur **n'en finit pas de passer et de repasser** devant les bicoques de bois et les quelques bâtiments **en dur** de la rue principale du village. A chaque passage, il s'arrête devant le Punto Rey, le plus grand café-bar de Remolino, dont les marquises vertes et blanches déglinguées accroissent, sous la pluie, l'effet de désolation, tandis que les journaliers patientent, le temps que leurs patrons aient vendu leur marchandise, avant d'être payés.

Tout le monde attend la fin des transactions, **quelques flaques plus loin**, où les acheteurs munis de leurs balances expertisent la marchandise. Les vendeurs se présentent devant les étals avec de petits sachets ou des sacs qu'ils sortent de leur balluchon, quand ils ne livrent pas **tout simplement** des charges de 40 kilos. Les emballages sont transparents, et le blanc-ocre de la pâte-base **fournit** à l'acquéreur une première indication sur la qualité.

¡ Cuidado !

1 Para designar esta región se puede utilizar tanto la forma *el Amazonas* –es decir el nombre del río– como *la Amazonia*. El adjetivo correspondiente es *amazónico*.

2 Var.: a lo largo de los años.

3 Var.: amapola del opio.

4 Los porcentajes siempre se expresan con *por ciento* (% = *por ciento*), pero en el caso de *ciento por ciento* también es posible decir *cien por cien*, en especial cuando la expresión tiene el sentido figurado de *completamente* («es español *cien por cien*»). Atención, por regla general los porcentajes van precedidos del artículo en singular. El artículo definido suele designar porcentajes exactos (*el 38,2%*), mientras que el indefinido suele usarse para cifras aproximadas o globales (*Un 20%* de los andaluces parece estar satisfecho; los comerciantes rebajaron los precios *un 30%*).

5 Var.: el día entero. Para indicar sólo una parte del día, se dice, por ejemplo, *ocho horas al día*. Atención: otros casos de proporción tienen diferente traducción: *tres de cada siete ciudadanos* (3/7) no respetan las leyes de tráfico; el profesor me puso una nota de *cinco sobre diez* (5/10).

REMOLINO, UNA ALDEA DE COCA EN COLOMBIA

En el corazón del Amazonas[1], **con el transcurso de los años**[2] y las ocasiones, las aldeas se han ido imponiendo como sitios donde se organizan **el cultivo de la coca** y la producción de la pasta base.

Los narcotraficantes o sus intermediarios vienen en persona a recoger la preciosa **materia prima** para fabricar el clorhidrato de cocaína algo más lejos aún, en sus laboratorios. En las «zonas fronterizas», las escaramuzas entre el ejército y la guerrilla son frecuentes **e incluso** diarias, sobre todo después de que el gobierno ha comenzado a erradicar los cultivos ilícitos (coca, adormidera[3] y marihuana). Por ejemplo, a orillas del río Caguán, la aldea de Remolino vive al cien por cien[4] de la coca **las veinticuatro horas del día**[5]. Está a ocho horas de barco de San Vicente de Caguán y sólo[6] figura en los mapas del ejército y la policía [...]. **Eso no impide que** los cultivadores de coca vengan aquí todos los domingos a vender una tonelada de pasta base [...].

Cada fin de semana empiezan a animarse los caminos fangosos[7] de Remolino, que cuenta con 3.000[8] habitantes. El domingo es día de mercado y la aldea se puebla de multitud de personas, que llevan **bolsos terciados** y dan vueltas en espera de la hora de los tratos. Con un bolso de leopardo en una mano y **un machete** amazónico en la otra, un vendedor **pasa y vuelve a pasar sin parar**[9] ante las casuchas de madera y los escasos edificios **de fábrica** de la calle principal de la aldea. A cada ida y venida se para delante del mayor café bar de Remolino, el Punto Rey, cuyas marquesinas verdiblancas[10] desvencijadas acrecientan la impresión de desolación bajo la lluvia, mientras que los jornaleros aguardan a que sus patronos hayan vendido la mercancía antes de pagarles.

A unos charcos de distancia, todo el mundo espera que finalicen las transacciones en las que los compradores provistos de balanzas evalúan la mercancía. Los vendedores se presentan delante de los puestos con saquitos o sacos que sacan de sus hatos, o a veces incluso entregan **pura y simplemente** cargas de cuarenta kilos. Los embalajes son transparentes y el color blanco ocre[11] de la pasta base **suministra** al comprador un primer indicio[12] de calidad[13].

6 Var. : tan sólo, solamente.

7 Var.: cenagosos, enlodados, embarrados.

8 Tres mil.

9 Var.: una y otra vez, sin cesar, sin tregua. La frase también puede construirse así: *no para de pasar y volver a pasar.*

10 Los adjetivos compuestos como éste se escriben en una sola palabra, por ejemplo: el tratado *hispanofrancés*, las divergencias *francoespañolas*, la guerra *rusojaponesa*. Nótese el resultado de la asimilación en el caso de colores y sabores: blanco + negro = blanquinegro; las camisetas *rojiblancas* de los jugadores; el sabor *agridulce* del plato. Sin embargo, sólo el uso permite distinguir cuando se efectúa tal fusión. En el último párrafo de este texto, *blanco ocre* no la admite y debe escribirse por separado.

11 Véase la nota anterior.

12 Más apropiado aquí que la palabra *indicación.*

13 Esta palabra tiene varios significados, distintos de los de *cualidad*. Se habla de la *calidad* (buena o mala) de un artículo y de las *cualidades* del carácter de una persona.

32 HISTOIRE DE FOU

Pierre Georges, *Le Monde*, 9/10 février 1997, [3211 signes, 538 mots]

C'est si loin, l'Équateur, et plein d'Équatoriens. Ne rions pas, **l'heure est grave**. Le pays élit un président et se retrouve avec Louis II de Quito. Un président fou, **totalement fou**, et assez fier de l'être. «Loco», disent ses adversaires. «Loco», confirme-t-il.

Et il le prouve. Abdala Bucaram le destitué **a multiplié** les frasques et les phrases. Avec une constance et une volonté admirables, il s'est efforcé de démontrer que plus fou que lui, au poste qu'il occupe, on ne risquait pas de trouver de sitôt.

De fait, **les indices** se sont multipliés, irréfutables. D'abord cette fâcheuse tendance à répéter à l'envi : «Je suis fou.» Un fou ordinaire, comme on le sait, aurait plutôt tendance à occulter son état mental. Un fou ordinaire se reconnaît à ce qu'il dit en permanence : «Je ne suis pas fou». Un fou présidentiel, lui, le confirme allègrement **du balcon** de son palais : «Je suis fou !», crie-t-il, les bras en V devant le **peuple ébloui**. «Viva el presidente Loco», répond la foule. Ah ! **quel bonheur** d'avoir un président fou !

On en arriva même à cette situation **paradoxale** pour Abdala Bucaram d'avoir, chaque instant, à justifier **davantage** son état. «Je suis fou.» «Prouve-le.» Il le prouva. Un jour, il fit l'aveu public que l'un de ses livres préférés était *Mein Kampf*. Un autre, lors d'une vente de charité, **il mit aux enchères** sa moustache, copie conforme de celle d'Adolf Hitler. Le troisième, **il décida d'attribuer** son salaire présidentiel aux pauvres du pays.

C'était bien d'un président fou. Mais plus il l'affirmait, moins on le croyait. Alors il se décida à **passer le grand braquet**. Il se confia à un magazine : «J'aurais tant aimé vivre dans une cave, marchant en rond tout nu. Là, si j'avais aimé une femme, je l'aurais attrapée par les cheveux, traînée dans ma cave et mangée. De cette manière, j'aurais satisfait mon appétit, sexuel comme biologique. » Là, **on commença à le prendre vaguement au sérieux**.

Il lui fallait encore faire des efforts. Abdala Bucaram se multiplia. Il traita un de ses prédécesseurs d'«âne». Avant, sous la pression publique, de présenter ses excuses aux ânes. Il fêta les dix-huit ans de son fils en lui achetant **une Porsche** et en lui offrant l'avion présidentiel pour une escapade à Miami. Il proposa un million de dollars à Diego Maradona pour un match de football. Il enregistra sur CD le rock du Fou amoureux. Et, en concert public, **il se versa une bouteille** d'eau minérale **sur le crâne**, **histoire «de se rafraîchir les idées»**.

¡ Cuidado !

1 Var.: El Ecuador, pues forma parte de los nombres de países que admiten artículo (como China, Japón, Argentina, Canadá, Perú, Uruguay, Paraguay*, Brasil, India, etc.).
*Véase el texto 35.

2 Pronunciar: Luis Segundo (alusión al rey loco, Luis II de Baviera). Para designar a los reyes y papas, se usan los adjetivos ordinales hasta 10 (se habla de Carlos V = Quinto, Carlos III = Tercero, Juan Carlos I = Primero). A partir de XI, se usan los adjetivos

UNA HISTORIA DE LOCO

Está tan lejos Ecuador[1], y además tan lleno de ecuatorianos... Nada de risas. **La cosa está seria**. El país va y elige un presidente para encontrarse con un Luis II[2] de Quito. Un presidente loco, **loco de remate**, y bastante ufano de estarlo. «Loco», dicen sus adversarios. «Loco», asevera él.

Y además lo demuestra. El destituido Abdalá Bucaram **ha prodigado** extravagancias y declaraciones. Con constancia y voluntad asombrosas, ha tratado de demostrar que era sumamente improbable poder encontrar a alguien más loco que él en un cargo como el que ostentaba[3].

Efectivamente, **los indicios** son múltiples e irrefutables. En primer lugar, esa enojosa propensión a repetir a porfía[4]: «Estoy loco». Es bien sabido que un loco normal se hubiese inclinado más bien a ocultar su estado mental. A un loco normal se le reconoce porque repite sin cesar: «No estoy loco». Pero un loco presidencial como él confirma alegremente su estado **desde el balcón** de palacio gritando «¡Estoy loco!», con los brazos en forma de V[5] de la victoria ante el **pueblo embelesado**. «¡Viva el presidente loco!», responde la muchedumbre. ¡Ah, **qué dicha** tener un presidente loco!

Abdalá Bucaram ha llegado incluso a la situación **paradójica** de tener que justificar su estado **con creces** y a cada instante. «Estoy loco». «Demuéstralo». Y lo ha demostrado. Un buen día confesó en público que uno de sus libros preferidos era *Mein Kampf*. Otro día, en una venta de caridad **subastó** su bigote, copia exacta del de Adolf Hitler. Y un tercer día **decidió que se asignase** su salario presidencial a los pobres del país.

Un acto digno de un presidente loco. Pero cuanto más lo afirmaba, menos se le creía. Entonces decidió **meter la directa**[6]. Confesó a una revista lo siguiente: «Me habría gustado tanto vivir en un sótano y dar vueltas en él completamente desnudo. Si hubiese amado a una mujer en ese momento, la habría agarrado por los cabellos y la habría arrastrado a mi cueva para comérmela. Así habría satisfecho mi apetito sexual y biológico». A partir de ese momento **se le empezó a tomar algo en serio**.

Pero aún tenía que esforzarse más. Abdalá Bucaram se prodigó y trató de «burro» a uno de sus predecesores, antes de ceder a la presión de la opinión pública y presentar sus disculpas a los burros. Los dieciocho años de su hijo los celebró comprándole **un Porsche** y dejándole el avión presidencial para que hiciera una escapada a Miami. Y a Diego Maradona le ofreció un millón de dólares por un partido de fútbol. Grabó un CD[7] con el *Rock del Loco Enamorado*, y en un concierto público **se derramó una botella** de agua mineral **en la cabeza, por aquello de «refrescarse las ideas»**.

cardinales (Alfonso XII = Doce, Luis XIV = Catorce).

3 Var.: desempeña.

4 Var. a más y mejor.

5 Pronunciar : uve.

6 Es decir la marcha que permite a un vehículo ir a la mayor velocidad posible. Expresiones equivalentes serían: *acelerar al máximo, ir a toda mecha*. Más vulgar: *ir a toda leche*.

7 Pronunciar: cedé. Var: disco compacto.

32

Le cas devenait intéressant. Ne restait plus qu'à **achever le travail**. De quelques délires verbaux. De quelques considérations sur l'état du sperme de ses adversaires. Et de quelques mesures fort populaires. Notamment une augmentation massive, 300 %, des taxes sur le gaz, l'essence, l'électricité, le tabac, les alcools. Là sa popularité **atteint des sommets**. Il y eut grève générale. Et le président fou décréta que cela ressemblait fort à une «fête nationale» «quand tant de travailleurs peuvent ainsi se retrouver pour leur plaisir». On décida donc d'urgence qu'il était **vraiment** «fou» et grand temps de le destituer. Et **lui**, comme de juste, **refusa de se soumettre**, n'étant d'évidence «pas fou».

33

DES ENFANTS POURRAIENT ÊTRE ADOPTÉS À RIO PAR LE BIAIS D'INTERNET

Le Monde, 27/7/1996
[1140 signes, 186 mots]

A partir du mois prochain, il sera possible aux **utilisateurs du réseau** informatique Internet de choisir sur **écran** un enfant à adopter, a déclaré au cours d'une conférence de presse le président du tribunal de Rio de Janeiro, José Gama Malcher. Un programme informatique en quatre langues (portugais, français, anglais et espagnol) a été préparé pour cela. Les fiches d'identification des 48 premiers enfants **comprennent** les mêmes critères de description. Une photo en couleur illustre par exemple la fiche du petit Ricardo V. où l'on peut lire que l'enfant, né à Salvador de Bahia le 22/11/90, est noir, avec des cheveux noirs et des yeux marrons, et qu'**à 5 ans**, il n'est pas alphabétisé. «L'informatique devrait permettre de rester plus facilement en contact avec les enfants adoptés, et de limiter le trafic international ou celui d'organes», a estimé le président du tribunal.

Il y a actuellement 4 800 enfants dans les 350 orphelinats de Rio, en attente d'adoption. Chaque année 600 adoptions sont **entérinées** par le tribunal, 30 étant effectuées par des étrangers.

El caso empezaba a resultar interesante. Tan sólo quedaba **rematar el trabajo** con algunos delirios verbales, algunas consideraciones sobre el estado del semen de sus adversarios, y algunas medidas sumamente populares como la del aumento masivo del 300%[8] de los impuestos sobre el gas, la gasolina, la electricidad, el tabaco y el alcohol. En ese momento su popularidad **llegó al colmo**. Hubo una huelga general, y el Presidente loco decretó que nada podía parecerse más a una «fiesta nacional» que dicha acción «porque permitía a tantísimos trabajadores reunirse por su propio gusto». Entonces se decidió que estaba «loco» **de veras** y que ya era hora de destituirlo. Y como es natural, **él se negó a someterse** porque obviamente «no estaba loco».

EN RÍO SE VAN A PODER ADOPTAR NIÑOS POR MEDIO DE INTERNET

A partir del próximo mes, los **usuarios de la red** informática Internet tendrán la posibilidad de escoger en la **pantalla** el niño que quieran adoptar, según ha declarado José Gama Malcher, presidente del tribunal de Río de Janeiro, en el transcurso de una conferencia de prensa. Para ello, se ha preparado un programa informático en cuatro idiomas (portugués, francés, inglés y español). Las fichas de identificación de los primeros 48[1] niños **tienen** los mismos criterios descriptivos. Una foto en colores ilustra por ejemplo la ficha del niño Ricardo V., en la que se puede leer que nació en Salvador de Bahía el 22/11/90[2] y que es negro, de pelo oscuro y ojos marrones, y que **a sus cinco años** es analfabeto. El presidente del tribunal considera que «al parecer la informática va a permitir mantener más fácilmente el contacto con los niños adoptados, así como limitar las adopciones ilegales y el tráfico de órganos.»

En la actualidad están esperando ser adoptados 4800[3] niños en los 350 orfelinatos de Río. Todos los años el tribunal **sanciona**[4] 600 adopciones, de las cuales 30 son efectuadas por extranjeros.

¡Cuidado!

8 Trescientos por ciento.

1 Cuarenta y ocho.
2 Noventa.
3 Cuatro mil ochocientos. A continuación: trescientos cincuenta; seiscientas; treinta.
4 Var.: aprueba.

34 PEDRO BACÁN, COMPOSITEUR ET GUITARISTE FLAMENCO

Le **musicien** Pedro Peña Peña, **dit** Pedro Bacán, né en 1951 à Lebrija (province de Séville, Espagne), est mort dimanche 26 janvier **des suites d'un accident de la route**.

De Pedro Bacán, on peut dire ceci : il était le plus grand guitariste du monde flamenco, **celui dont personne ne doutait**, celui qui portait le plus d'avenir dans la guitare et le chant. Personne, à avoir vu son récent récital du 19 décembre 1996, à Paris, à en douter. Nul qui n'attende avec sérieux le 4 février à Bobigny, où il devait se présenter avec le clan des Pinini, sa famille gitane de Lebrija, et Inès, sa sœur. Quand on a assisté à leurs débuts, ce moment où Inès qui n'avait jamais chanté de la vie s'est mise à chanter pour lui, quelque chose de neuf est apparu dont on n'a plus que le pressentiment.

Pedro Bacán est mort comme un flamenco, c'est-à-dire bêtement. Samedi, il jouait avec Juan Peña et El Lebrijano, ses cousins, à Lora del Rio, sur la terre des taureaux. Zahariche, la *finca* de l'élevage de Miura, est là, sur la colline. **Au petit matin**, il a voulu rentrer à la maison, à 60 kilomètres. El Cordobès disait : «Dans le monde des taureaux, il y a plus dangereux que les taureaux, il y a les routes.»

Francis Marmande, *Le Monde*, 28/1/97 [2809 signes, 492 mots]

Fils de Bastián Bacán, le neveu d'El Pinini né en 1911 à Lebrija, il en avait repris le nom d'artiste. Jusqu'à la trentaine, Pedro Bacán **s'est signalé** comme l'accompagnateur des plus grands *cantaores*. Sa présence dans de nombreux enregistrements en témoigne. En 1980, on l'a vu remporter le concours du Giraldillo del Cante, à la Biennale d'art flamenco de Séville. Son chanteur alors était Calixto Sánchez. **Il obtient la même année le Prix national de guitare flamenca**. Par une bizarrerie de plus, le monde du flamenco est le seul des mondes habités où les prix et les récompenses ont un sens. Le département de musicologie de l'université de Washington est le premier d'une longue série, en Amérique du Nord, à l'inviter comme professeur associé.

Aussi proche de Maurice Ohana, des intellectuels, des artistes **que de** la communauté gitane de Lebrija, intelligent, doux, généreux de sa personne, de son jeu, de son rire, de sa gravité, Bacán avançait. **Il ne cherchait pas à croiser**, métisser, relire, mâtiner, machiner, rockiser ou relooker le flamenco, il cherchait ce qu'il avait dans le ventre. Il le cherchait avec les meilleurs flamencos et avec **tous les musiciens qu'il rencontrait**. «Au cœur de l'aventure, il y a un esprit qui n'est ni une idée intellectuelle ni un concept ; qui ne se comprend pas, mais on sait parfaitement s'il est là ou pas. Curieusement, la musique n'est pas la fin, c'est un moyen, un véhicule. On ne doit pas sortir le même après une nuit flamenca.» Bacán **se faisait une fête de** montrer bientôt le film de Carole Sierx : *Inès ma sœur*.

PEDRO BACÁN.
COMPOSITOR Y GUITARRISTA DE FLAMENCO

El **músico** Pedro Peña y Peña, **apodado** Pedro Bacán y nacido en 1951[1] en Lebrija (provincia de Sevilla), murió el domingo 26 de enero **de resultas de un accidente de tráfico**.

De Pedro Bacán puede decirse lo siguiente: era el guitarrista más grande del mundo flamenco, **aquel del que nadie dudaba** y cuya guitarra y cante más porvenir tenían. A ninguno de los que pudieron asistir a su reciente recital del 19 de noviembre de 1996[2] le cabía la menor duda. No había nadie que no esperara con gravedad el 4 de febrero, fecha de su recital en Bobigny, en donde tenía que presentarse con su familia gitana de Lebrija, el clan de los Pinini, y con su hermana Inés. Algo que ahora es ya sólo un presentimiento nació cuando presenciamos sus comienzos, es decir aquellos momentos en que Inés se puso a cantar para él, cosa que no había hecho nunca en su vida.

Pedro Bacán ha muerto como un flamenco, es decir de la manera más tonta. El sábado tocaba con sus primos Juan Peña y El Lebrijano en tierra de toros, en Lora del Río. Zahariche, la finca de la ganadería de los Miura, está ahí mismo en el cerro. **De madrugada** quiso volver a su casa, a sesenta kilómetros de allí. El Cordobés decía: «En el mundo de los toros hay algo más peligroso que los astados: las carreteras.»

Había tomado el nombre de artista de su padre, Bastián Bacán, un sobrino del Pinini nacido en 1911[3] en Lebrija. Hasta los treinta años, Pedro Bacán **se destacó** acompañando a la guitarra a los más grandes cantaores, como lo atestiguan[4] numerosas grabaciones. En 1980[5], ganó el certamen del Giraldillo del Cante en la Bienal de Arte Flamenco de Sevilla, cuando su cantaor era Calixto Sánchez. **Ese mismo año fue galardonado con el Premio Nacional de Guitarra Flamenca**. Por una más de esas cosas raras de la vida, el mundillo flamenco es el único planeta habitado donde los galardones y las recompensas tienen sentido. El departamento de musicología de la Universidad de Washington fue el primero de la larga serie de organismos docentes norteamericanos que le invitaron en calidad de profesor asociado.

Tan allegado de Maurice Ohana y de intelectuales o artistas **como de** la comunidad gitana de Lebrija, Bacán iba adelante en la vida con inteligencia y dulzura, haciendo don generoso de su persona, su arte de tocar, su risa y su gravedad. **No intentaba hacer combinaciones** ni mestizajes con el flamenco, ni nuevas interpretaciones o fusiones de estilo, ni tampoco alterarlo, darle un aire rockero o un nuevo aspecto. Tan sólo buscaba lo que tenía en las entrañas. Y lo buscaba con los mejores flamencos y con **todos los músicos con que se tropezaba**. «En la médula misma de la aventura hay un espíritu que no es ni idea ni concepto, y que tampoco se comprende, pero que sabemos perfectamente si existe o no. Es curioso, pero la música no es el fin, es tan sólo un medio, un conducto[6]. De una noche flamenca nadie tiene que salir siendo el mismo». Bacán **se regocijaba con la idea**[7] de que pronto iba a presentar *Inés, mi hermana*, una película de Carole Sierx.

¡ Cuidado !

1 Mil novecientos cincuenta y uno.
2 Mil novecientos noventa y seis.
3 Mil novecientos once.
4 Nótese la construcción sin preposición de *atestiguar*. Ejemplo: sus canas atestiguan su experiencia.
5 Mil novecientos ochenta.
6 Var.: *Instrumento* podría haber convenido por su significado, pero resultaría ambiguo por el entorno inmediato de la palabra en el texto.
7 Var.: A Bacán le ilusionaba la idea.

35 UN VOYAGE AU PARAGUAY

Le Paraguay, pour Coatalem, ce fut d'abord une bourse «Stendhal», que lui délivra il y a deux ans le service culturel des **Affaires étrangères**, bon prince mais **un peu pingre**, on le comprend. Le Paraguay, c'était, peut-être, partir à la recherche des «Réductions» indiennes opérées par les jésuites dans le coin, sorte de kibboutzim pour Indios, qui leur **ont permis de conserver** l'usage de leur langue guarani. C'était aussi un souvenir de la bande dessinée de Buck Danny l'intrépide. Plus les aventures de Tintin et «L'oreille cassée», **où il est question de** la guerre du Grand Chapo, qui rappelle celle du «Grand Chaco» que se livrèrent des compagnies pétrolières par Paraguay et Bolivie interposés.

Bernanos y viendra voir en 1938, et filera vite vers le Brésil. Plus vite que Coatalem dans sa mission Stendhal-express, où **il fera le tour de** la contrée en quarante-cinq jours, pas un de plus, repartant avec une immense «commisération» pour ce pays et sa capitale, «Asunción, ville fantôme. Barricadée. Rouillée. **Prisonnière d'elle-même**, **oubliée des dieux**.» Dans ce «**terminus** des conquistadores», certains patrons d'hôtel s'imposent un quota de 50% d'Américains, qui sont venus acheter légalement leur bébé paraguayen, sans papiers, pour 250 dollars : **la nuit** les bambinos braillent trop fort.

D'après
Le Canard enchaîné,
24/7/96
[1312 signes, 210 mots]

UN VIAJE AL PARAGUAY

El motivo principal del viaje de Coatalem al Paraguay fue el siguiente: hace dos años, le otorgó una beca «Stendhal» el Servicio Cultural del Ministerio de **Asuntos Exteriores**, que a pesar de mostrarse condescendiente fue **un tanto tacaño**, lo cual es comprensible. El Paraguay podía acaso significar el partir a la búsqueda de las «reducciones» de indios que los jesuitas implantaron por allí, es decir una especie de *kibbutz* para indígenas que les **han permitido preservar** el uso de su idioma: el guaraní. El Paraguay evocaba asimismo el tebeo[1] del intrépido Buck Danny y las aventuras de Tintín en «La Oreja Rota», **donde se hace referencia a** la Guerra del «Gran Chapo», que evoca la del Gran Chaco en la que contendieron algunas compañías petroleras por medio de Paraguay y Bolivia.

En 1938[2], Bernanos fue a echar una ojeada por allí y se largó veloz a Brasil. Con mayor celeridad que Coatalem en su misión «Stendhal Exprés», porque **dará la vuelta a** estos parajes en tan sólo cuarenta y cinco días y regresará lleno de «conmiseración» por el Paraguay y su capital: «Asunción, ciudad fantasma. Cerrada a cal y canto. Oxidada. **Prisionera de sí misma y dejada de la mano de los dioses**». En este «**terminal** de los conquistadores», algunos dueños de hoteles aceptan como máximo un 50%[3] de norteamericanos, porque han venido a comprarse legalmente un bebé paraguayo —sin papeleo[4] y por 250[5] dólares— y los nenes berrean demasiado alto **por la noche**.

¡ Cuidado !

1 Var.: tira (cómica), historieta, cómic.
2 Mil novecientos treinta y ocho.
3 Un cincuenta por ciento.
4 Es decir, sin exceso de trámites administrativos. No confundir con *sin documentación*, *indocumentado* o *sin papeles*.
5 Doscientos cincuenta.

36 LA PEINTURE POUR ÉCHAPPER À LA DROGUE

«Avec la peinture, on peut se droguer mais on peut aussi faire de l'art.» Ricardo Guerrero, vingt-trois ans, s'adresse ainsi aux enfants des écoles où il va réaliser des peintures murales pour les sensibiliser aux dangers de la drogue. Avec une dizaine de jeunes artistes **originaires** des gigantesques quartiers populaires de la capitale mexicaine, il anime le groupe Graffiti Mexico, qui a réalisé pour la conférence d'Istanbul **une fresque** montrant que «les jeunes sont le moteur du changement». Mais il sait qu'**il y a loin de ce message à la réalité mexicaine**.

Touchés par la crise économique sans précédent que connaît le pays, les jeunes des quartiers populaires se transforment en vendeurs à la sauvette aux grands carrefours du centre-ville, où **ils font concurrence** aux quelque douze mille «enfants de la rue» qui survivent en lavant les pare-brise. La montée de la délinquance et de la violence, exacerbée par la drogue, a pris de court les pouvoirs publics, qui **ont constaté les limites** de la répression. **D'où** la décision d'**appuyer** les conseils populaires juvéniles (CPJ), qui contribuent à canaliser l'énergie des *chavos banda* (gangs de rue).

«La plupart de ces jeunes **ne vont même plus à** l'école, explique Helen Samuels, une animatrice des CPJ. Il faut donc **les encourager à créer** leurs propres petites entreprises pour récupérer les vieux papiers, fabriquer des meubles ou peindre les murs de leur ville.» Le financement vient de l'association **américaine** Kids for Kids et de concerts de rock. Une goutte d'eau dans un océan de violence, selon le sociologue Hector Castillo, pour qui les CPJ «**ont permis de découvrir** des jeunes pleins de créativité mais malheureusement manipulés par le PRI [Parti révolutionnaire institutionnel, au pouvoir depuis 1929], qui, **en échange de** quelques subventions, utilise les jeunes **à des fins électorales** en prévision d'un scrutin difficile en 1997».

Bertrand de la Grange,
Le Monde, 1995
[1940 signes, 313 mots]

LIBRARSE DE LA DROGA GRACIAS A LA PINTURA

«Con la pintura uno se puede drogar, pero también ser artista». Ricardo Guerrero, de veintitrés años de edad, se dirige con estas palabras a los niños de las escuelas a donde va a ejecutar murales para sensibilizarles a los peligros de la droga. Junto con unos diez jóvenes artistas **oriundos** de los descomunales barrios de la capital mexicana, Ricardo es el alma del grupo Graffiti México, que ha pintado **un fresco** para la Conferencia de Estambul donde se muestra que «los jóvenes son el motor del cambio». Pero él sabe que **la realidad mexicana dista mucho de este mensaje**.

A los jóvenes de los barrios populares les afecta la crisis económica sin precedentes que está experimentando el país, y se convierten en vendedores ambulantes ilegales en los cruces[1] de las grandes arterias del centro de la ciudad, donde **hacen la competencia** a unos doce mil «niños de la calle» que sobreviven lavando parabrisas[2]. La droga ha exacerbado el incremento de la delincuencia y la violencia cogiendo desprevenidas a las autoridades, que **han podido comprobar los límites** de la represión. **De ahí** que se haya decidido **respaldar**[3] a los Consejos Populares Juveniles (CPJ[4]), porque contribuyen a canalizar las energías de los chavos banda (pandillas de delincuentes callejeros).

Helen Samuels, que es una de las animadoras de estos CPJ, dice que «la mayoría de estos jóvenes **ya ni siquiera van** a la escuela, y por consiguiente hay que **alentarles a que creen** pequeñas empresas propias para recuperar papel usado, fabricar muebles o decorar las tapias de su ciudad». Los fondos provienen de la asociación **estadounidense** «Kids for Kids» y de conciertos de rock. Según el sociólogo Hector Castillo, los CPJ no son más que una gota de agua en un océano de violencia; y aunque «**han permitido descubrir** a jóvenes de gran creatividad, están desafortunadamente manipulados por el PRI [Partido Revolucionario Institucional, en el poder desde 1929[5]] que **a cambio de** algunas subvenciones utiliza a los jóvenes **con miras electorales**, en previsión de elecciones difíciles en 1997[6]».

¡ Cuidado !

1 Var.: encrucijadas, glorietas.
2 Singular: un parabrisas.
3 Var.: apoyar, sostener.
4 Pronunciar : cepejota.
5 Mil novecientos veintinueve.
6 Mil novecientos noventa y siete.

37 UN ARCHIPEL TRÈS PROTÉGÉ

C'est, **sans conteste**, l'un des plus beaux archipels coraliens **de la planète**, et, **pour son bonheur**, l'un des moins connus : lagons de jade et d'émeraude, plages désertes et immaculées, fonds sous-marins somptueux, lumière éblouissante. C'est également — **Dieu merci !** —, depuis 1972, un parc national strictement protégé.

A une demi-heure d'avionnette, au nord de Caracas, Los Roques forment un superbe ovale comprenant quarante-six îles et quelque deux cents îlots rochers et récifs, devenus, **au fil des ans**, le refuge de quatre-vingts **espèces** d'oiseaux. Des oiseaux qui, toute crainte évanouie, se laissent observer d'assez près : pétrels, frégates, aigrettes, bécasseaux, cormorans, fous bruns, mouettes rieuses, sternes royales, et même des **flamants roses** sur l'île Canquises. **A eux seuls**, les pélicans offrent un spectacle permanent, qu'ils montent la garde drôlement alignés sur les barques des pêcheurs, ou qu'ils plongent en piqué après un vol rapide **à fleur d'eau**.

L'île Dos Mosquises abrite un centre de biologie marine. A son programme : observation du milieu et protection des espèces, notamment celle des tortues vertes, en grand péril, qui viennent pondre sur ses plages. **Une équipe** de chercheurs préserve — et **si besoin** recueille — les œufs, élève les tortues (plus de neuf mille en vingt-quatre ans) dans des bassins de reproduction, puis les relâche, entre douze et dix-huit mois, après les avoir marquées. On sait qu'elles s'acclimatent parfaitement à la haute mer certaines ayant été retrouvées loin d'ici, sur les côtes du Brésil ou de Cuba.

Les hommes, eux, vivent à Gran Roque, la plus grande des îles et la seule non coralienne. Des **statuettes** millénaires, découvertes par un couple d'archéologues polonais, **attestent** d'un peuplement ancien sur l'archipel. **A l'époque** moderne, dans les années 30, des pêcheurs venus de l'île Margarita y ont installé leurs familles. Non sans avoir auparavant **surmonté un handicap majeur** : le manque d'eau douce, handicap dont une seule île est épargnée, celle de Cayo de Agua. Avant qu'ils n'installent des citernes, puis, bien plus tard, une petite usine de dessalement, ils recueillaient l'eau de pluie dans de magnifiques strombes roses, la reine des conques... Moins efficace mais tellement plus poétique.

J.-P.L.,
Le Monde, 1995
[2292 signes, 355 mots]

UN ARCHIPIÉLAGO SUMAMENTE PROTEGIDO

Con sus lagunas de jade y esmeralda, sus playas desiertas **e** inmaculadas, sus espléndidos fondos marinos y su luz resplandeciente, es **indiscutiblemente** uno de los archipiélagos coralinos más hermosos **del planeta** y, **afortunadamente para él**, uno de los menos conocidos también. **Gracias a Dios**, desde 1972[1] también es un parque nacional rigurosamente protegido.

Los Roques están a media hora de Caracas en avioneta, hacia el norte, y forman un magnífico óvalo de cuarenta y seis islas y unos doscientos islotes, peñones y arrecifes, que **con el correr de los años** se han convertido en el refugio de ochenta **especies** de aves. Petreles, fragatas, garzotas, becadas, cormoranes, plangas pardas, gaviotas reidoras y golondrinas de mar, al haberse desvanecido su temor, se dejan observar a distancia bastante corta. En la isla Canquises, hasta los **flamencos rosas** pueden verse de cerca. Los pelicanos **de por sí solos** ofrecen un continuo espectáculo, montando la guardia en filas insólitas encima de las barcas de los pescadores, o bien[2] zambulléndose en picado tras un corto vuelo **a ras del agua**.

La isla Dos Mosquises alberga un centro de biología marina cuyo programa es observar el medio ambiente y proteger las especies animales, especialmente los galápagos verdes que corren un gran peligro y vienen a desovar en las playas. **Un equipo** de científicos preserva los huevos y los recoge **si es menester**; cría las tortugas en estanques de reproducción (más de nueve mil en veinticuatro años); y cuando tienen entre doce y dieciocho meses, las suelta después de haberlas marcado. Se sabe que se aclimatan perfectamente en alta mar y se han encontrado algunas lejos de esta isla, en las costas de Brasil o de Cuba.

Por su parte, los hombres viven en la isla del Gran Roque, que es la mayor y la única no coralina. Una pareja[4] de arqueólogos polacos ha descubierto **estatuillas** milenarias, que **atestiguan** un remoto poblamiento del archipiélago. **En la época** moderna, en los años treinta, algunos pescadores procedentes de la isla Margarita establecieron a sus familias aquí. Pero antes tuvieron que **vencer el obstáculo capital**[5] de la falta de agua dulce, que tan sólo posee la isla de Cayo de Agua. Antes de instalar cisternas —y mucho más tarde una planta desalinizadora— recogían el agua de lluvia en magníficos estrombos rosas, que son las reinas de las caracolas... Era menos eficaz, pero mucho más poético.

¡ Cuidado !

1 Mil novecientos setenta y dos.

2 Var: o bien montando... o bien zambulléndose; ya (sea) montando... ya (sea) zambulléndose; ora montando... ora zambulléndose (esta última variante es menos usual hoy en día).

3 Var.: un matrimonio.

4 En el sentido figurado de *desventaja*, el español actual y periodístico también suele usar la palabra *hándicap.* Sin embargo, es de notar que esta palabra no se emplea para referirse a las incapacidades físicas o mentales de minusválidos y subnormales, respectivamente, ni tampoco a las discapacidades sociales de pobres y analfabetos, por ejemplo.

38 FERNANDO TRUEBA POUR UNE POLITIQUE CULTURELLE EUROPÉENNE

Le réalisateur de *Belle Époque*, Fernando Trueba, qui a remporté l'Oscar du meilleur film étranger à Hollywood en 1994 [second Oscar remporté par un film espagnol, après *Volver a empezar*] a réagi très vivement aux déclarations du **secrétaire d'État à la culture**. Il nous a fait la déclaration suivante :

«Le grand chanteur et poète brésilien Caetano Veloso disait qu'il comprenait parfaitement l'intérêt de l'industrie américaine à voir disparaître les cinémas nationaux du monde entier. C'est logique et même «légitime». Cette industrie en a besoin pour payer des salaires immoraux aux pires acteurs **de la planète**. Mais on ne comprend pas **l'intérêt de certains politiciens à** détruire le cinéma de leur propre pays et à en abandonner le marché aux Américains. Un suicide de ce genre est difficilement compréhensible, **à moins que l'on ne soit** employé d'une grande multinationale **au lieu de** représenter les **citoyens** d'une nation. Être les deux en même temps me paraît difficilement compatible.

»Le contexte ultralibéral ne conduit qu'à la pauvreté et à la jungle. L'Europe doit défendre son propre *way of life* qui est **le chef-d'œuvre** qu'elle a élaboré au cours de ces trois derniers siècles, le moins inhumain des systèmes connus, et travailler à le perfectionner.

»L'expression «exception culturelle» suggère une espèce animale **en voie d'extinction**, et je crois que c'est la situation du cinéma européen, à l'exclusion du français. Je crois nécessaire une politique culturelle et audiovisuelle européenne, et **actuellement** elle ne peut être articulée qu'autour du système français, le seul à avoir montré une certaine efficacité.»

D'après
Jean-Louis Perrier,
Le Monde, 7/8/96
[1959 signes, 261 mots]

FERNANDO TRUEBA A FAVOR DE UNA POLÍTICA CULTURAL EUROPEA

Fernando Trueba, el director[1] de *Belle Epoque*, que en 1994[2] ganó en Hollywood el Oscar a la mejor película extranjera —el segundo obtenido por un filme español después de *Volver a empezar*—, ha reaccionado con vehemencia ante las declaraciones del **Secretario de Estado para la Cultura** y nos ha declarado lo siguiente:

«Caetano Veloso, el gran cantante y poeta brasileño, decía que comprendía perfectamente que a la industria norteamericana le interesase ver cómo desaparecían los cines nacionales del mundo entero. Esto es lógico e incluso 'legítimo'. Dicha industria lo necesita para poder pagar salarios inmorales a los peores actores **del planeta**. Pero lo que no se comprende es **el interés de determinados políticos por** destruir el cine de su propio país y dejar el mercado a los norteamericanos. Un suicidio de este tipo se comprende difícilmente, **a no ser que**[3] **uno sea** empleado de una gran multinacional **en vez de**[4] ser representante de los **ciudadanos** de una nación. Ser ambas cosas a la vez me parece difícilmente compatible.

»El contexto ultraliberal sólo conduce a la pobreza y a la ley de la jungla. Europa ha de defender su propio *way of life*, por ser la **obra maestra** que ha creado en estos últimos tres siglos y por ser el menos inhumano de los sistemas conocidos, y además ha de trabajar para perfeccionarlo.

»La expresión 'excepción cultural' evoca una especie animal **en vías de extinción**, y creo que esa es la situación del cine europeo, salvo el francés. Creo necesaria una política cultural y audiovisual europea, que **en la actualidad** sólo puede estructurarse en torno al sistema francés porque es el único que ha demostrado cierta eficacia.

¡ Cuidado !

1 Var.: realizador, cineasta. Según el DRAE, esta última palabra designa por igual a todos los que tienen un papel importante en una película: actor, director, productor, etc.

2 Mil novecientos noventa y cuatro.

3 Var.: a menos que.

4 Var.: en lugar de.

39

LA CITADELLE DU ROI CHRISTOPHE

Ch. N.
Le Monde, 1/6/96
[2218 signes, 352 mots]

Vue sur **une carte**, Haïti ressemble à **la gueule** ouverte d'un crocodile. Vue d'avion, l'ancienne «perle noire des Antilles» s'apparenterait plutôt à un animal déplumé, **voire** au visage ridé d'un vieillard... «Nos montagnes montrent leur os», disent les Haïtiens. Plus un arbre sur la crête des mornes. **Un symbole pour le pays le plus pauvre** des Amériques qui fut, il y a deux siècles, la colonie française la plus riche au monde. Dans ce paysage tourmenté **se dresse** une forteresse, formidable construction, véritable montagne de pierre sculptée bâtie sur la cime du Bonnet-de-l'Évêque. Réplique **caribéenne** du Machu-Picchu, la citadelle Laferrière règne, solitaire, à 1000 mètres d'altitude. Son extrémité, pointée vers la mer, évoque la proue d'un bateau. Plus grande et plus massive que la tour de Londres, elle était considérée comme «la huitième merveille du monde» par Charles Lindbergh.

Cette fantastique allégorie de pierre fut la grande œuvre de Christophe Ier, souverain mégalomane, couronné le 2 juin 1811, sept ans après la naissance de la première République nègre. En onze ans de pouvoir absolu, le successeur de Toussaint Louverture et de l'empereur Dessalines **devait marquer de son empreinte** l'architecture locale. Dans son «empire» du nord de l'île (quelque 14 000 km^2), il devait édifier ou transformer neuf palais et quinze châteaux souvent choisis parmi les plus belles propriétés des **anciens colons** français. Et il supervisera en personne la construction de cette citadelle herculéenne destinée à s'opposer à un éventuel retour des Français. Aujourd'hui, un parfum de mort flotte sur cette Bastille tropicale. On songe au désert des Tartares et **aux sentinelles** de Dino Buzzati surveillant du haut des remparts, une plaine semée de pierres blanches ; ici aussi, le regard balaie l'infini dans une longue et vaine attente. Si le fantôme du roi Christophe hante encore les **épaisses** murailles de l'édifice, l'ennemi, lui, reste introuvable. Et quand la brume du soir s'élève de la mer pour se déchirer sur la proue de la citadelle, les paysans, fascinés par l'aspect fantastique du bâtiment, observent, subjugués, cette forteresse qui semble aller et venir **au gré des vents**.

¡ Cuidado !

1 *Irgue* es la otra forma de la 3ª persona del singular del presente de indicativo. Sobre este verbo, véase la nota 14, pág. 101.
2 Mil.
3 Var.: altura (más general).
4 Christophe *Primero* [Véase al respecto la nota 2 de la página 106]. En español, se ha acuñado la hispanización de nombres de pila de determinados personajes históricos extranjeros (se dice: *Carlos* Marx, *Emilio* Zola, *María Antonieta*, *Paulina* Bonaparte, etc.). En cambio, para personajes del pasado más reciente o de la actualidad se suelen conservar los nombres en su idioma de origen (se dice por ejemplo: *François* Mitterand y *Jacques* Chirac). Sólo se siguen tradu-

LA CIUDADELA DEL REY CHRISTOPHE

Cuando se contempla en **un mapa**, Haití se parece a **las fauces** abiertas de un cocodrilo; pero vista desde un avión, la que fuera «perla negra de las Antillas» se parece más bien a un animal desplumado, o **incluso** al rostro arrugado de un anciano... Los haitianos dicen: «Nuestras montañas enseñan los huesos». No se ve ni un árbol en la cresta de los morros. **Todo un símbolo del país más pobre** de las Américas, que hace dos siglos fue la más rica de las colonias de Francia en el mundo. En este paisaje atormentado **se yergue**[1] una formidable construcción, una fortaleza, que es una auténtica montaña de piedra esculpida levantada en la cumbre del *Bonnet de l'Evêque* (Gorro del Obispo). La ciudadela Laferrière es una réplica **caribeña** de Machu Picchu que reina en solitario a 1.000[2] metros de altitud[3]. Su extremo apunta al mar y evoca la proa de un navío. Es mayor y más maciza que la Torre de Londres, y para Charles Lindbergh era la «octava maravilla del mundo».

Esta fantástica alegoría de piedra fue la obra magna de Christophe I[4], el megalómano soberano que fue entronizado el dos de junio de 1811[5], es decir siete años después del nacimiento de la primera república negra. En once años de poder absoluto, este sucesor de Toussaint Louverture y el emperador Dessalines **iba a marcar con su impronta** la arquitectura local. En su «imperio» de unos catorce mil kilómetros cuadrados, situado al norte de la isla, iba a edificar o transformar nueve palacios y quince mansiones[6] escogidos con frecuencia entre las más hermosas propiedades de los **ex colonos** franceses. Y fue él quien supervisó en persona la construcción de esta ciudadela hercúlea destinada a oponerse a un posible retorno de los franceses. Hoy en día, sobre esta Bastilla tropical flota un aroma de muerte. Nos hace pensar en el Desierto de los Tártaros y **en los centinelas** de Dino Buzzati, que desde lo alto de las murallas observan una llanura sembrada de piedras blancas. Aquí también la mirada barre el infinito en una prolongada y vana espera. Si el fantasma del rey Christophe todavía se aparece por entre las **gruesas** murallas del edificio, al enemigo en cambio seguimos sin encontrarlo. Y cuando la bruma de la tarde se levanta en el mar y va a desgarrarse en la proa de la ciudadela, los campesinos se quedan fascinados por el fantástico aspecto de la construcción y observan subyugados esta fortaleza, que da la impresión de oscilar **al capricho de los vientos**...

ciendo los nombres de reyes y papas (*Miguel* de Rumania, *Juan Pablo* II). El caso de este rey es peculiar: *Christophe* es en realidad el *apellido* de Henri Christophe (rey negro de Haití de 1811 a 1820) y por eso no se traduce. La novela de Alejo Carpentier, *El reino de este mundo*, relata el reinado de dicho soberano.

5 Mil ochocientos once.

6 *Castillo* no conviene aquí, porque en español significa «château fort». Debe decirse: el *Palacio* de Versalles y el *Castillo* de Montségur.

PLUS LE TEMPS

SUJET

Bruno Frappat, *Le Monde*, 24/1/94 [4137 signes, 662 mots]

On devrait vendre des barils de temps dans les supermarchés. Cela pourrait **relancer la consommation**, redonner le moral au grand commerce et aux populations. En attendant, **on bricole**, c'est **le système D** du temps volé, chipé, sauvé, préservé. Le temps, on en parle tout le temps, pour le maudire et l'espérer. Temps qui manque, passe et ne reviendra plus.

La course contre le temps **prend** parfois **des tournures rocambolesques** et même grand-guignolesques. L'autre lundi, dans un grand cimetière parisien, tandis qu'on longeait songeusement, sous le rare soleil d'hiver, les tombes **moussues** de ceux qui ont troqué le temps contre l'éternité, on assista à une scène étrange. Des employés du lieu, fiévreux et transpirants, se disputaient autour d'un cercueil déposé sur une **dalle**. «Je t'avais dit que ce n'était pas là !» Le long du chemin gravillonné, quelques **proches** et amis de la victime attendaient sagement la résolution du conflit en cours. On s'était trompé de sépulture. «Les initiales étaient les mêmes, mais il y en a un à 15 h 15 et l'autre à 15 h 30. Celui-là, ce n'est pas le bon ! Allez on ramasse tout.»

On remballa couronnes, bouquets, Requiescat et caisse vernissée pour transbahuter le défunt et tout son équipage vers sa véritable **destination perpétuelle**. Il avait échappé — tout comme son concurrent du quart d'heure qui suivrait — à une funeste erreur, à la confusion des adresses terminales. Pour un peu, si la famille, sans doute, n'avait pas alerté les pelleteurs aux cadences infernales, deux intrus se seraient retrouvés l'un chez l'autre et, à vue humaine, pour longtemps. Sans possibilité de prendre la moindre initiative, **la moindre procédure d'appel** post mortem pour exiger d'être affecté dans le coin de terre promis depuis longtemps.

Nul, donc, n'échappe au stress du temps trop contracté: jusqu'aux morts ! On n'est donc jamais tranquille nulle part ? Le timing trop tendu du flux des **mises en terre** produisit ce jour-là une parabole inquiétante.

Tout remué par cette scène, on se réfugia vers sa demeure de vivant. Ce fut pour prendre connaissance d'une aimable missive des Télécommunications expliquant à quel point **les tarifs** du téléphone, en augmentant, allaient baisser. On lut mieux pour tenter de comprendre et l'on décela deux tendances, philosophiquement et tarifairement indissolubles. On paierait moins pour l'espace mais plus pour le temps.

Décidément — était-ce voulu ? — il y avait dans la technocratique décision une acceptation des défauts de l'époque ou, pour être neutre, de ses **lignes de force**. Le ratatinement des espaces, la proximisation des lointains, on allait en tirer un parti financier.

NO QUEDA TIEMPO

En los supermercados tendrían que vender tiempo a espuertas[1]. Esto podría **reactivar el consumo** y dar nuevos ánimos a las grandes empresarias comerciales y a la población. Entre tanto, **uno se las ingenia**[2] y aplica **el sistema de compóntelas como puedas**[3], robando, birlando, salvaguardando y preservando el tiempo. Del tiempo se habla todo el tiempo para maldecirlo y esperarlo. Tiempo que falta, pasa y no volverá.

A veces, la carrera contra el tiempo **toma un cariz rocambolesco** e incluso propio del guiñol. El pasado lunes, en un gran cementerio parisiense[4] asistimos a una extraña escena mientras íbamos andando, bajo el escaso sol invernal, a lo largo de las tumbas **cubiertas de musgo** de los que trocaron el tiempo por la eternidad. Algunos empleados de este lugar discutían febriles y sudorosos en torno a un ataúd depositado encima de una **lápida**. «Te dije que no era ahí». A lo largo del camino de grava algunos **allegados** y amigos del muerto esperaban muy formales a que se resolviese el conflicto en curso. Había una equivocación con la sepultura. «Las iniciales eran las mismas, pero hay uno a las tres y cuarto y otro a las tres y media. ¡Este no va aquí! Hala, a recogerlo todo.»

Hubo que despachar coronas, ramos de flores, oraciones y ataúd barnizado, para trasladar al difunto con todo su equipaje[5] a su verdadero **destino perpetuo**. Al igual que su competidor del cuarto de hora siguiente, se había librado del funesto error de la confusión de su domicilio final[6]. No cabe duda de que si la familia no hubiese avisado a los enterradores que manejaban las palas con cadencia infernal, poco hubiese faltado para que cada difunto se viese en la morada del otro por un tiempo casi infinito, desde el punto de vista humano. Sin posibilidad alguna de tomar la menor iniciativa ni de interponer **el menor recurso de apelación** post mortem para exigir que se les asignara el rincón de tierra prometido desde hace mucho tiempo. Nadie se libra de la angustia del tiempo demasiado apretado. ¡Ni los propios muertos! ¿Acaso no se puede estar nunca tranquilo en ninguna parte? El horario demasiado tenso del flujo de **sepelios** produjo una parábola inquietante ese día.

Totalmente conmocionado por esta escena, uno fue a refugiarse en su morada de vivo y se encontró con una amable misiva de la Compañía de Telecomunicaciones, en la que se explicaba hasta qué punto el aumento de precio iba a hacer bajar **las tarifas** telefónicas. Leyendo mejor para intentar entender esto, logramos descubrir dos tendencias indisolubles tanto en el plano de la filosofía como de las tarifas. Ibamos a pagar menos por el espacio, pero más por el tiempo.

Desde luego — ¿estaba hecho adrede[7]?— en la decisión tecnocrática se aceptaban los defectos de nuestra época, o sus **líneas directrices**, para expresarlo de modo más neutro. Se iba a sacar partido financiero de la reducción de los espacios y del acercamiento de las personas lejanas.

¡ Cuidado !

1 *Barril* no conviene pues no se usa en español para designar los grandes paquetes de detergente. En los supermercados y en la publicidad televisada, se habla de *un tambor* de detergente (por la forma inicial de los paquetes). Se ha preferido la locución idiomática *a espuertas* por contener las nociones de recipiente y abundancia.

2 Var. coloquial: uno pone parches.

3 Var.: la gramática parda.

4 Var.: parisino.

5 Var.: toda su parafernalia; todos sus bártulos (más familiar).
La palabra francesa «équipage» tiene varios sentidos, pero aquí designa el conjunto de todo lo necesario para viajar (véase *Robert*).

6 Se habla usualmente de «última morada», pero el texto francés no se vale aquí de expresiones acuñadas.

40

Le domaine du proche s'agrandissait. On paierait moins cher qu'avant pour appeler à de certaines distances. Mais, pour compenser tout cela, il nous faudrait consentir désormais à payer beaucoup plus cher le prix des «unités locales», termes qui mesurent le temps **dans le jargon** des Télécoms. C'est tout le siècle : les distances s'amenuisent, le temps se contracte.

La surprime aux bavards, mine de rien, est lourde de signification. C'est une sorte de hold-up sur la conversation, une manière d'introduire dans l'art de la communication privée une dimension gestionnaire dont il faut bien reconnaître que les tarifs pratiqués jusqu'alors ne la rendaient presque pas nécessaire. Il allait falloir, désormais, se soucier, chronomètre en main, de la durée du moindre appel à la tante Ursule — qui aime tant raconter les années 20 — ou, face à l'adolescent **vautré** dans le mol édredon des interminables séances de borborygmes, brandir très vite en sa direction l'index impérieux pointé sur **le cadran d'une montre** affolante.

Comment mieux nous imposer l'idée que le temps a un prix ? Terrible impératif ! Le téléphone a déjà tué la correspondance écrite, ses tarifs vont-ils tuer la conversation ? Une conversation, ce devrait être un temps sans entraves, borné seulement à son début, une succession de **parlerie** et de silences, avec des **points de suspension** invisibles mais qui ont un sens. Allons-nous devoir **peser chaque mot** comme on pèse les lettres que transporte La Poste ?

El ámbito de lo próximo se extendía: íbamos a pagar más barato que antes si telefoneábamos a determinadas distancias. Sin embargo, para compensar esto, a partir de ahora tendríamos que consentir en pagar mucho más caras las «unidades locales», que **en la jerga** de la Compañía de Telecomunicaciones son los términos que sirven para medir el tiempo. Así es nuestro siglo: las distancias disminuyen y el tiempo se contrae.

Aunque no lo parezca, **la penalización**[8] **de los charlatanes** tiene un profundo significado. Es una especie de atraco perpetrado contra la conversación, una forma de que en el arte de la comunicación privada se introduzca una dimensión de gestión, que a decir verdad no era casi necesaria habida cuenta de las tarifas aplicadas anteriormente. A partir de ese momento, iba a ser preciso controlar cronómetro en mano la duración de la más mínima llamada a la tía Úrsula —a quien tanto le encanta hablar de los años veinte—, o blandir rapidísimo un índice imperioso señalando **la esfera de un reloj** enloquecedor al adolescente **repantigado**[9] en el blando edredón de sus interminables sesiones telefónicas a base de borborigmos.

¿Qué mejor manera de imponernos la idea de que el tiempo tiene un precio? ¡Terrible imperativo! El teléfono ya ha matado la correspondencia por escrito, ¿van a matar ahora la conversación las tarifas telefónicas? Una conversación tendría que ser un tiempo sin trabas y sin otro límite que el de su comienzo, un tiempo formado por una sucesión de **parloteo** y silencios, es decir de **puntos suspensivos** invisibles pero significativos. ¿Vamos a tener que **sopesar cada palabra** como pesamos las cartas que transporta el servicio de Correos?

¡ Cuidado !

7 Var.: a posta, a propósito.

8 Cuidado con la palabra «surprime». El contexto deja claro su significado, derivado del vocabulario de los seguros (el conductor que ha causado muchos accidentes debe pagar una tarifa más elevada). No confundir con «prime» en el sentido de *recompensa*.

MOTS-CLÉ

La référence indiquée renvoie au numéro que porte chaque texte dans l'ouvrage.

INDEX

La référence indiquée renvoie au numéro de page.

65—

Achevé d'imprimer en mai 1997 dans les ateliers de Normandie Roto Impression s.a., 61250 Lonrai. N° d'imprimeur : 971025. Dépôt légal : mai 1997